Atención al cliente en el proceso comercial

Soledad Carrasco Fernández

Autora: Soledad Carrasco
Diseño y maquetación: Ediciones Nobel, S. A.

ISBN: 978-84-283-4386-2
Depósito legal: M-20930-2019
Impresión: Cimapress, Arganda del Rey (Madrid)

Impreso en España

Biografía

Profesora de Formación Profesional desde 1985, es Licenciada en Derecho por la UNED.

Funcionaria de carrera en la Familia Profesional de Administración y Gestión, ha desarrollado su labor profesional en institutos de enseñanza pública de Extremadura, Baleares y Madrid. En la actualidad imparte clases en el IES Luis Buñuel de Móstoles.

En los últimos años imparte de manera preferente los Módulos Profesionales de Comunicación, Gestión Comercial y Atención al cliente en los ciclos de Grado Medio y Grado Superior.

Es tutora de Formación en Centros de Trabajo desde 1999, por lo que colabora en la inserción laboral del alumnado con grandes empresas y pymes asentadas en la Comunidad de Madrid.

Es coautora del libro *Comunicación Empresarial y Atención al Cliente* de la editorial Santillana y colabora con la elaboración de artículos de corte histórico en la revista digital Anatomía de la Historia.

Índice

Introducción normativa

La Ley Orgánica 5/2002, de 19 de junio, de las Cualificaciones y de la Formación Profesional fue el primer texto legislativo que reguló de forma exclusiva las enseñanzas profesionales en España. Una de sus novedades consistió en relacionar directamente la formación con el empleo, permitiendo las convalidaciones y equivalencias entre la Formación Profesional del sistema educativo, la Formación Profesional para el empleo, y experiencia laboral. Para poder desarrollar estas medidas se creó el Sistema Nacional de Cualificaciones Profesionales y dos instrumentos básicos: el Catálogo Nacional de Cualificaciones Profesionales y el Catálogo Modular de Formación Profesional.

Las Cualificaciones Profesionales responden a la iniciativa que impulsa el Marco Europeo de las Cualificaciones (EQF), para facilitar un espacio abierto de aprendizaje y de empleo, así como la adecuación entre oferta y demanda no solo a nivel estatal, sino entre los distintos países.

El Catálogo Nacional de Cualificaciones Profesionales ordena las cualificaciones profesionales, incluyendo el contenido de la formación profesional asociada a cada cualificación, de acuerdo con una estructura de módulos formativos articulados en un Catálogo Modular de Formación Profesional. Entre sus principales objetivos tiene el posibilitar la integración de las ofertas de formación profesional, adecuándolas a las características y demandas del sistema productivo.

Para conseguirlo, este Catálogo, además de identificar y definir las cualificaciones profesionales que requiere el sistema productivo, establece los contenidos formativos básicos que resultan necesarios para que las ofertas formativas garanticen la adquisición de las competencias profesionales apropiadas para el desempeño profesional.

Las Cualificaciones Profesionales se acreditan mediante "Títulos" de Formación Profesional del sistema educativo, y Certificados de Profesionalidad de Formación para el Empleo. Ambas acreditaciones tienen carácter oficial y son válidas en todo el Estado.

Los contenidos asociados a las cualificaciones profesionales constituyen el Catálogo Modular de Formación Profesional, que se estructura en módulos formativos.

Mediante la superación de los módulos formativos, diseñados en itinerarios específicos para cada Cualificación Profesional, se puede obtener el Certificado de Profesionalidad correspondiente. Además, se posibilita la convalidación de determinados módulos profesionales incluidos en los títulos de Formación Profesional del sistema educativo, asociados a Unidades de Competencia comunes.

El Certificado de Profesionalidad es, por tanto, el instrumento de acreditación, en el ámbito de la Administración laboral, de las cualificaciones profesionales incluidas en el Catálogo Nacional de Cualificaciones Profesionales, adquiridas a través de procesos formativos o mediante procedimientos de reconocimiento de competencias profesionales adquiridas por experiencia laboral o vías no formales de formación, regulados por el Real Decreto 1224/2009, de 17 de julio.

ESTRUCTURA DE UNA CUALIFICACIÓN

DATOS DE IDENTIFICACIÓN
Denominación
Nivel
Competencia general
Entorno profesional

UNIDADES DE COMPETENCIA		FORMACIÓN ASOCIADA
Unidad de competencia 1	⟷	Módulo formativo 1
Unidad de competencia 2	⟷	Módulo formativo 2
Unidad de competencia N	⟷	Módulo formativo N

Las cualificaciones profesionales se estructuran en unidades de competencia, que se definen como agrupaciones de tareas productivas específicas que debe realizar el profesional. Las diferentes unidades de competencia de un certificado de profesionalidad conforman la Competencia General, definiendo el conjunto de conocimientos y capacidades que permiten el ejercicio de una actividad profesional determinada.

Cada unidad de competencia lleva asociado un módulo formativo, donde se describe la formación necesaria para adquirir esa unidad de competencia, pudiendo dividirse en unidades formativas.

El módulo formativo es el bloque coherente de formación asociado a cada una de las unidades de competencia que configuran la cualificación. Cada módulo formativo tiene un formato normalizado que incluye los datos de identificación y las especificaciones de la formación que se incluyen en las ofertas formativas conducentes a la obtención de los certificados de profesionalidad.

DATOS DE IDENTIFICACIÓN:

— Denominación.
— Nivel de cualificación al que se vincula.
— Unidad de competencia a la que está asociado.
— Código alfanumérico y duración en horas.

ESPECIFICACIONES DE LA FORMACIÓN:

— Capacidades: expresión de los resultados esperados de las personas en situación de aprendizaje al finalizar el Módulo Formativo.

— Criterios de evaluación: conjunto de precisiones para cada capacidad que indican el grado de concreción aceptable de la misma. Delimitan el alcance y nivel de la capacidad y el contexto en el que va a ser evaluada.

— Contenidos formativos necesarios para adquirir las competencias a las que se asocia. Requisitos básicos del contexto formativo: espacios e instalaciones y perfil profesional del formador. Estos requisitos tienen carácter orientador para la normativa básica reguladora de las ofertas formativas.

El presente libro desarrolla la Unidad Formativa Atención al cliente en el proceso comercial, UF 0349, está asociado a la unidad de competencia UC 0976_2 perteneciente a la cualificación profesional de referencia ADG308_2, de nivel 2, incluida en el certificado de profesionalidad Actividades de gestión administrativa de la familia profesional Administración y Gestión.

Según el RD 645/2011 de 9 de mayo, los contenidos que en esta obra se recogen se corresponden con una duración de 40 horas.

Tanto la estructura como el desarrollo del libro se ajustan al citado RD y más concretamente a los contenidos de la Unidad Formativa que le da título, *Atención al cliente en el proceso comercial*.

Contenidos

1. **Atención al cliente en las operaciones de compraventa**
   - El departamento comercial:
     - Funciones básicas.
     - Identificación de necesidades y gustos del cliente: clasificación del cliente.
   - Procedimiento de comunicación comercial:
     - Elementos de comunicación institucional.
     - Fases del procedimiento.
     - Soportes de la comunicación.
     - Tratamiento hacia el cliente: léxico correcto, formulación adecuada de preguntas/respuestas y otras técnicas.
   - Identificación del perfil psicológico de los distintos clientes:
     - Aplicación de condiciones de venta.
     - Transmisión de información comercial relevante según el tipo de cliente.
     - Motivación.
   - Relación con el cliente a través de distintos canales:
     - Características.
     - Ventajas e inconvenientes.
     - Internet como canal de comunicación.
   - Criterios de calidad en la atención al cliente: satisfacción del cliente.
   - Aplicación de la confidencialidad en la atención al cliente.

2. **Comunicación de información comercial en los procesos de compraventa**
   - El proceso de compraventa como comunicación:
     - Aspectos básicos: Identificación de la comunicación en la venta.
     - Técnicas y medios de comunicación de la compra y la venta.
     - Argumentación comercial.
     - Tratamiento de objeciones.
     - Comunicación de la información sobre los productos.
   - La venta telefónica.
     - La venta por catálogo.
     - Televenta.
     - Internet y otras formas.

3. Adaptación de la comunicación comercial al telemarketing

- Aspectos básicos del telemarketing:
  - Conceptos: marketing, telemarketing, teleoperador, sectores empresariales del mercado y otros.
- La operativa general del teleoperador:
  - Conectar con el cliente.
  - Motivación del teleoperador hacia la comunicación.
  - Afianzar actitudes positivas del teleoperador.
- Técnicas de venta:
  - Principales técnicas de venta comercial.
  - Los guiones: planificar su existencia.
  - La entrevista: necesidades de los clientes y el correcto uso de los productos.
  - Elementos para el éxito de las distintas técnicas de venta.
- Cierre de la venta:
  - Objeciones de los clientes: principales causas y actitudes.
  - Minimizar las hostilidades de los clientes.
  - Tipología de cierres de venta.

4. Tramitación en los servicios de postventa

- Seguimiento comercial: concepto.
- Fidelización de la clientela:
  - Instrumentos de fidelización: bonificaciones, tarjetas de puntos o de club, cupones descuento y otros.
  - Finalidad.
- Identificación de quejas y reclamaciones:
  - Concepto.
  - Características.
  - Tipología: presenciales y no presenciales.
- Procedimiento de reclamaciones y quejas:
  - Recepción.
  - Formulación documental.
  - Resolución de dudas.
- Valoración de los parámetros de calidad del servicio y su importancia o consecuencias de su no existencia.
- Aplicación de la confidencialidad a la atención prestada en los servicios de postventa.

1. Atención al cliente en las operaciones de compraventa

Introducción

En los últimos años, cualquier empresa que venda productos u ofrezca servicios ha tomado conciencia de que una parte, no ya fundamental, sino esencial, de su valor radica en el conocimiento de sus clientes. De no existir los clientes, las empresas no tendrían motivo ni para su creación, ni para su funcionamiento.

Incluso en la administración pública, las últimas tendencias en cuanto a gestión de servicios de calidad, consideran al ciudadano como cliente, ya que un cliente es todo aquel que recibe productos o servicios.

El principio y el fin de toda actividad empresarial y, como hemos visto, institucional, es el cliente. Una de las primeras tareas que debe asumir cualquier organización, por tanto, es identificar y segmentar a sus clientes según los productos que demanden o los servicios a los que accedan. Para ello es imprescindible conocer cuáles son sus necesidades y expectativas. Una vez realizada esta actividad, se debe intentar conocer con detalle las opiniones de los clientes.

La información que faciliten los clientes es de un valor excepcional ya que, aunque no sea la única fuente para tomar decisiones, indica el rumbo que debe tomar la empresa.

Contenido

1.1. El departamento comercial

La comercialización es la actividad humana consistente en satisfacer necesidades y deseos a través de procesos de intercambio de bienes y servicios. Es, por tanto, una de las principales actividades de relación entre los seres humanos.

Las empresas, entendidas como agrupación organizada de personas para la consecución de unos objetivos, ofrecen al mercado bienes y servicios que serán adquiridos tanto por consumidores finales como por otras empresas para integrarlos a su vez en sus propios procesos de comercialización.

De este modo, la adquisición y venta de bienes son actividades que forman parte de una función, la comercial, que junto a otras funciones empresariales comprenden el entramado organizativo imprescindible para la consecución de sus objetivos. Es decir, la función comercial es parte de la organización empresarial.

La organización empresarial se lleva a efecto mediante la estructuración de las relaciones que deben existir entre las funciones y las actividades de los elementos de una empresa, con el propósito de lograr los objetivos marcados. Podemos analizar, de manera gráfica, los componentes de la organización empresarial.

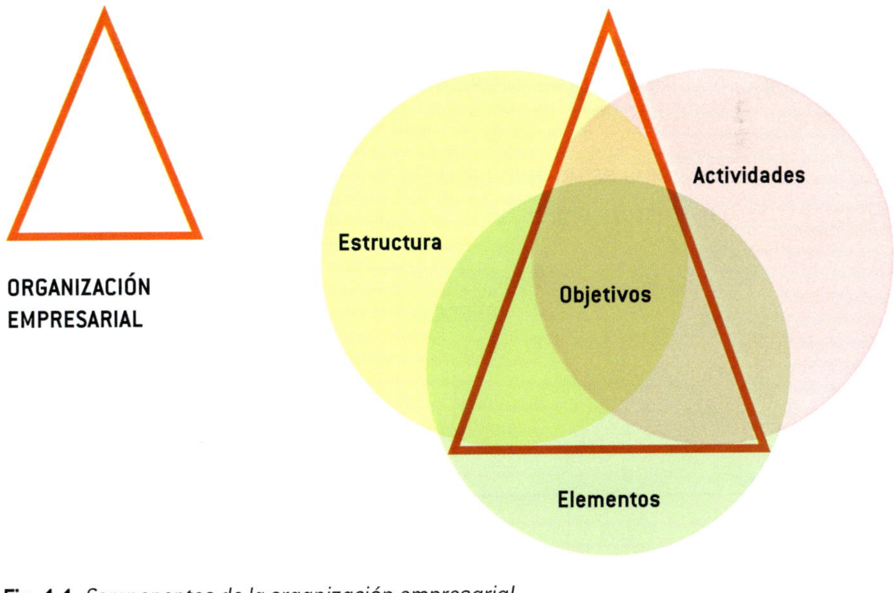

Fig. 1.1. *Componentes de la organización empresarial.*

Estos componentes adquieren un significado propio y específico como bases de la organización empresarial.

COMPONENTES	SIGNIFICADO
ACTIVIDAD	Acción que se realiza en un proceso.
FUNCIÓN	Clasificación de un grupo de actividades similares en una organización.
ESTRUCTURA	Forma en que se dividen y organizan las actividades.
ELEMENTO	Cada uno de los recursos materiales y humanos de la empresa.

La departamentalización es la agrupación de tareas similares en distintas unidades organizativas, que servirán de base para establecer la estructura de la empresa. Está directamente relacionada con el tamaño de la empresa y con la complejidad y variedad de sus actividades.

La unidad organizativa fundamental es el **departamento**, aunque puede adoptar el nombre de sección, división, área, etc., en función de su tamaño, de su complejidad o, simplemente, de las preferencias de los responsables de la empresa a la hora de denominarla. Por ejemplo, las actividades y funciones relacionadas con la comercialización, en unas empresas estarán contempladas en el departamento comercial, en otras en el área comercial y en otras puede llamarse sección comercial o sección de ventas. En cualquier caso, **el departamento comercial es una unidad organizativa que forma parte de la estructura de la empresa.**

El siguiente organigrama es un ejemplo de la situación del departamento comercial dentro de la estructura organizativa de la empresa.

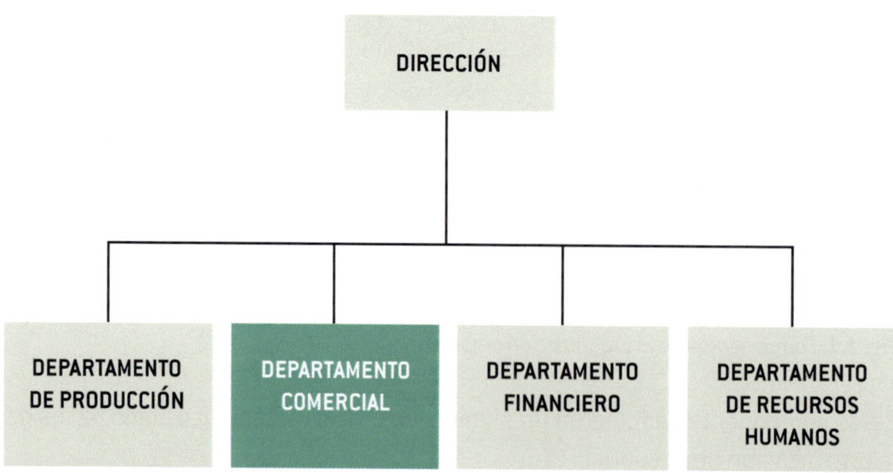

1.1.1. Funciones básicas

Como hemos visto, el Departamento Comercial es la unidad organizativa de la empresa en la que se llevan a cabo las funciones de comercialización. Estas funciones equivalen al **conjunto de actividades necesarias para poner a la venta los productos de la empresa**. Por este motivo, el Departamento Comercial también puede ser denominado Departamento de Ventas.

El objetivo principal que se persigue en el Departamento Comercial o de Ventas es el de hacer llegar a los clientes los bienes y servicios producidos por la empresa. Por tanto, la función prioritaria del departamento comercial es establecer el contacto con los clientes a fin de efectuar la venta efectiva.

El departamento comercial es imprescindible para el éxito de la empresa ya que mediante las ventas se generan los ingresos necesarios para su subsistencia.

Las funciones que lleva a cabo el departamento comercial están dirigidas, por tanto, a maximizar las ventas y los ingresos. Las funciones básicas son las siguientes:

FUNCIÓN	ACCIONES PRINCIPALES
ELABORAR PRONÓSTICOS DE VENTAS	– Establecimiento del marco temporal. – Investigación de mercado. – Análisis de la competencia. – Estudio de la tendencia histórica.
FIJAR LOS PRECIOS	– Adecuación a la capacidad adquisitiva de sus clientes. – Establecimiento de márgenes de beneficio. – Comparación con precios de la competencia.
REALIZAR PROMOCIONES	– Ofertas. – Descuentos. – Publicidad. – Campañas temporales. – Demostraciones.
ESTABLECER SISTEMAS DE ANÁLISIS Y CONTROL	– Estadísticas de resultados. – Seguimiento posventa. – Fijación de medidas correctoras.

Ejemplo:

En Rador S. L. han realizado una investigación de mercado, mediante llamadas telefónicas, acerca de la aceptación de su nuevo producto. ¿Esta actividad corresponde al departamento comercial?

Solución:

Sí, la investigación de mercados corresponde a la función de elaborar pronósticos de ventas, que es una de las funciones del departamento comercial.

1.1.2. Identificación de necesidades y gustos del cliente

Una venta es un proceso de intercambio mediante el que se satisfacen las necesidades del cliente a cambio de unos ingresos para el vendedor que persiguen el beneficio de la empresa.

De modo análogo, el cliente es la persona que mediante ese proceso de intercambio recibe un producto o un servicio que satisfaga sus necesidades.

Por ello, es imprescindible para llevar a cabo el proceso de venta conocer cuáles son las necesidades que los clientes desean satisfacer.

Entendemos por necesidad humana la sensación de carencia de algo, y, por tratarse de una sensación interna de cada persona, las empresas no pueden influir en la creación de esa necesidad, pero sí en el deseo de satisfacerla mediante la adquisición de un producto o la utilización de un servicio concreto.

Una de las clasificaciones e identificación de las necesidades más reconocidas a lo largo de años de estudio del comportamiento de los seres humanos es la realizada por Maslow. Consiste esta clasificación en una pirámide jerarquizada, en cuya base se encuentran las necesidades básicas para la supervivencia, y las dirigidas al desarrollo personal se sitúan en la cúspide.

Las necesidades humanas, según Maslow, son las siguientes:

NECESIDADES FISIOLÓGICAS	Dormir, beber, comer, etc.
NECESIDADES DE SEGURIDAD	Vivienda, salud, trabajo, etc.
NECESIDADES SOCIALES	Comunicación, amistad, relaciones, amor, etc.
NECESIDADES DE ESTIMA	Autovaloración, reputación, confianza, respeto, etc.
NECESIDADES DE AUTORREALIZACIÓN	Metas personales, armonía, creatividad, etc.

Fig. 1.2. *Pirámide de las necesidades de Maslow.*

Según esta disposición de las necesidades, no se sube un escalón en la pirámide hasta que están cubiertas las necesidades del escalón inferior.

Tan importante como el conocimiento de estas necesidades, es el estudio de los factores que influyen en el comportamiento de los clientes y que les conducen a satisfacerlas mediante unos productos u otros.

Estos factores son determinantes para convertir esa necesidad en el impulso para realizar una compra y para la generación de unos gustos o preferencias por unos determinados artículos o servicios.

Los factores influyentes en el comportamiento de compra se pueden clasificar en factores externos y factores internos. Son los siguientes:

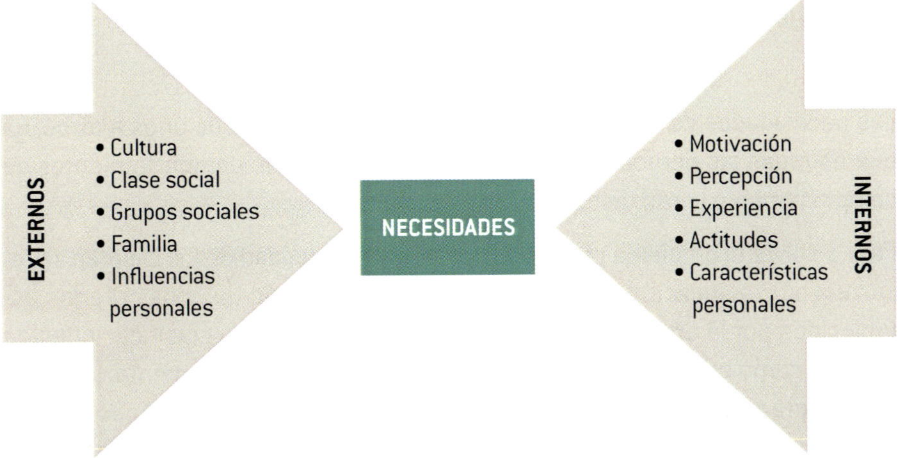

Fig. 1.3. *Factores del comportamiento de compra.*

Ejemplo:

Catalina es una estudiante universitaria, de 21 años de edad, residente en Guadalajara. ¿Afectan estas características a sus necesidades como compradora?

Solución:

Sí, porque se trata de factores de influencia, en este caso internos. Tanto los factores externos, como los internos, influyen en las necesidades y, por tanto, en el comportamiento de compra.

1.1.3. Clasificación del cliente

Fig. 1.4. *Diferentes tipos de cliente.*

Las necesidades de los clientes difieren sustancialmente de unos a otros, ya que no todas las personas son iguales y, por tanto, sus comportamientos de compra también serán distintos.

Para resolver el problema planteado por la heterogeneidad de los clientes se recurre a su clasificación en grupos similares en función de unos criterios establecidos por la empresa. De este modo, existirán tantas clasificaciones de clientes como criterios elegidos para esa clasificación. Lógicamente, los criterios vendrán determinados por las características del sector en el que esté incluida la empresa, aunque de manera general pueden establecerse la siguiente clasificación:

CLASIFICACIÓN DE CLIENTES			
CRITERIO	CLIENTES		
FRECUENCIA DE COMPRA	Cliente habitual		
	Cliente esporádico		
PRODUCTOS	Productos línea A	Productos línea B	Productos línea C
ANTIGÜEDAD	Clientes de menos de 1 año		
	Clientes entre 1 y 5 años		
	Clientes de más de 5 años		
FACTURACIÓN	Clientes de menos de X euros anuales/mensuales	Clientes de más de X euros anuales/mensuales	
	Clientes de menos de X unidades de producto anuales/mensuales	Clientes de más de X unidades de producto anuales/mensuales	

También es posible realizar una clasificación de los clientes, o una segmentación del mercado de la empresa atendiendo a sus factores personales como puedan ser la edad o la localización geográfica.

Sean cuales sean los criterios, los objetivos de la clasificación de los clientes son:

a. Conocer el mercado y sus factores de influencia.

b. Reconducir la oferta de productos y servicios de modo que se adapten a las características de los clientes.

c. Dirigir la atención de las ventas hacia aquellos segmentos que resulten más rentables.

d. Propiciar la introducción de nuevos productos y servicios según las necesidades y gustos de los clientes.

1.2. Procedimiento de comunicación comercial

La comunicación consiste en el intercambio de ideas, sentimientos o valores entre personas. Este intercambio es vital en todo tipo de organizaciones y, por tanto, en las empresas, donde el fenómeno de la comunicación adquiere particularidades específicas.

La comunicación empresarial es el proceso encaminado a facilitar y agilizar el flujo de mensajes que se producen entre los miembros de la organización y entre la organización y su entorno. Por tanto, la comunicación empresarial comprende todas las comunicaciones que se producen entre los miembros de la organización y entre esta y el exterior.

De manera específica, la comunicación comercial comprende todas las comunicaciones realizadas por la empresa con el fin de realizar las funciones correspondientes al departamento comercial.

La información y la comunicación son fenómenos imprescindibles para la subsistencia de la empresa: la información porque es la base de toda decisión y la comunicación porque es el vehículo de las relaciones. De todos modos, es preciso establecer la distinción entre los términos de información y comunicación.

La comunicación siempre implica existencia de información, en cambio información no implica existencia de comunicación.

La principal diferencia entre comunicación e información es que la comunicación es un proceso de intercambio y la información se transmite en una sola dirección. Por ejemplo, cuando consultamos una guía telefónica, obtenemos información, pero no se establece comunicación ya que no existe intercambio.

La **comunicación** es, por tanto, el proceso mediante el que dos o más personas se relacionan mediante el **intercambio de información**.

1.2.1. Elementos de comunicación institucional

La comunicación institucional es el conjunto de actividades dirigidas a facilitar y agilizar el flujo de intercambio de información entre los miembros de la empresa y entre la empresa y su entorno.

La comunicación, en general, es un proceso que consta de los siguientes elementos: **emisor**, **receptor**, **mensaje**, **código**, **canal**, **contexto** y **retroalimentación**.

ELEMENTO	DESCRIPCIÓN
EMISOR	Es la persona o personas que inician el proceso de comunicación.
RECEPTOR	Es la persona o personas que reciben el mensaje.
MENSAJE	Es el contenido objetivo de la comunicación, es decir, la información transmitida.
CÓDIGO	Es el lenguaje utilizado para transmitir el mensaje. El código debe ser conocido por el emisor y el receptor ya que, en caso contrario, no se produce comunicación.
CANAL	Es el medio a través del cual se emite el mensaje y supone el soporte de la comunicación.
CONTEXTO	Es la situación concreta en que se desarrolla la comunicación.
RETROALIMENTACIÓN	Es la confirmación de que el mensaje ha sido comprendido por parte del receptor, es decir, es la información que el receptor transmite de vuelta al emisor.

La comunicación institucional es la principal vía de las empresas para transmitir su imagen corporativa. Por este motivo, la comunicación institucional también puede ser denominada como comunicación corporativa. Por otro lado, la comunicación institucional abarca muchas más actividades que la comunicación meramente comercial.

Todos los actos de la empresa adquieren una dimensión comunicativa ya que transmiten información sobre sí misma.

Los elementos del proceso comunicativo se traducen para el caso concreto de la comunicación institucional (o corporativa) en un esquema con las siguientes correlaciones:

- Emisor = empresa.
- Receptor = grupos de interés.
- Retroalimentación = respuesta que se obtiene por parte de los grupos de interés.

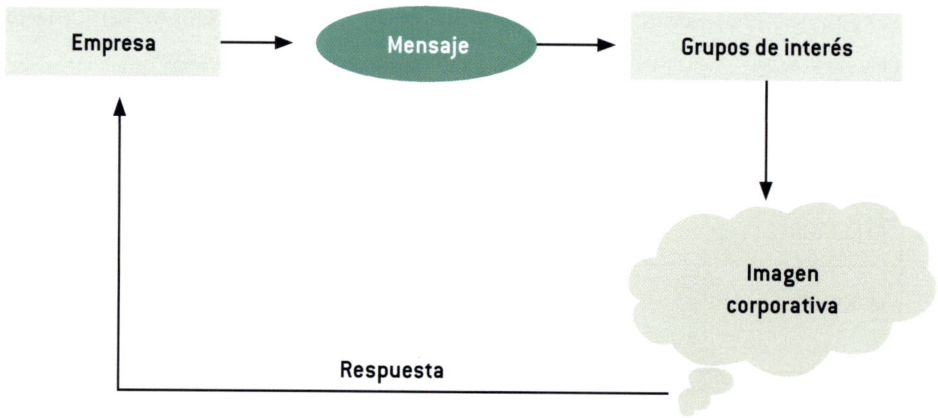

Fig. 1.5. *Representación gráfica del esquema de comunicación corporativa.*

Los *grupos de interés* son todos aquellos que se ven afectados por o pueden afectar al desarrollo de las actividades de la empresa. Por ejemplo: clientes, proveedores, accionistas, administraciones públicas, asociaciones vecinales, etc.

Ejemplo:

Adela ha dejado un mensaje en el contestador automático de la empresa Kohkar, dedicada a la reparación de electrodomésticos. Adela deja el aviso de que el técnico de Kohkar no se ha presentado a la hora concertada. Determina los elementos de la comunicación en este caso.

Solución:

Emisor: Adela; Receptor: Kohkar; Canal: vía telefónica; Código: idioma (suponemos que castellano); Contexto: servicio al cliente, reparación posventa.

A. IDENTIDAD CORPORATIVA

Con el fin de llegar a sus grupos de interés, las empresas emiten mensajes compuestos por todos los elementos que le son propios, que definen a la organización, que la distinguen y la identifican ante la competencia y ante los consumidores. Estos elementos conforman lo que denominamos identidad corporativa.

La **identidad corporativa** es el conjunto de instrumentos formales mediante los que una empresa se identifica públicamente.

Todos los elementos de la identidad corporativa deben reflejar claramente la esencia de la empresa, por lo que tienen que estar presentes en cualquiera de los mensajes que emita.

B. RELACIÓN ENTRE IMAGEN CORPORATIVA E IDENTIDAD CORPORATIVA

Como acabamos de explicar, la identidad corporativa es la propia fisonomía de la empresa, es decir, algo que va mucho más allá de un nombre o una imagen gráfica.

El objetivo de cualquier proceso de comunicación en la empresa es obtener una imagen positiva, adecuada a su estrategia, entre sus grupos de interés. De este modo, la obtención de un **estado de opinión favorable** hacia la empresa es la máxima prioridad de cualquier organización desde el mismo momento en que decide darse a conocer.

Así, observamos que el proceso de comunicación en la empresa parte de la identidad corporativa y retorna en forma de imagen corporativa.

Fig. 1.6. *Relación entre identidad corporativa e imagen corporativa.*

La identidad corporativa es lo que la empresa transmite y la imagen corporativa es lo que los grupos de interés perciben.

1.2.2. Fases del procedimiento de comunicación

El procedimiento de comunicación no responde a un camino lineal con extremos de inicio, en el emisor, y de término en el receptor. Es más bien un recorrido circular en el que el factor más importante es la respuesta del receptor, que retroalimenta al procedimiento de nuevo.

El esquema del procedimiento de comunicación es el siguiente:

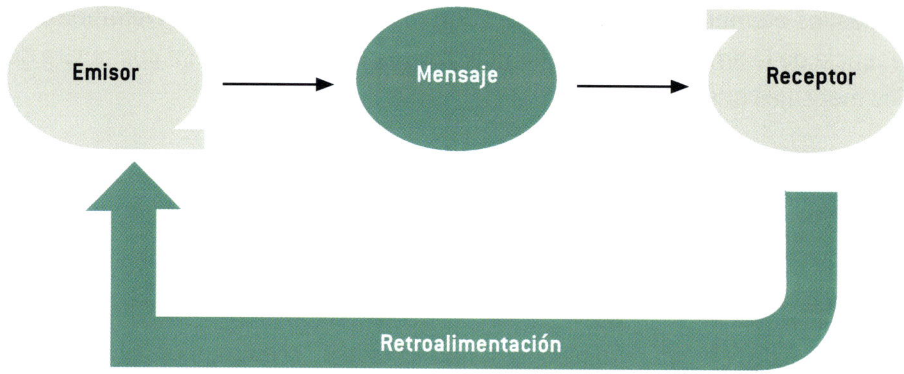

Fig. 1.7. *Procedimiento de comunicación.*

Según este esquema, la comunicación es un ciclo que comienza en el emisor, que traslada su información, el mensaje, al receptor. Este último ofrece respuesta y se produce el intercambio de información. De este modo, una vez iniciado el ciclo, las personas que intervienen se convierten en emisor y receptor.

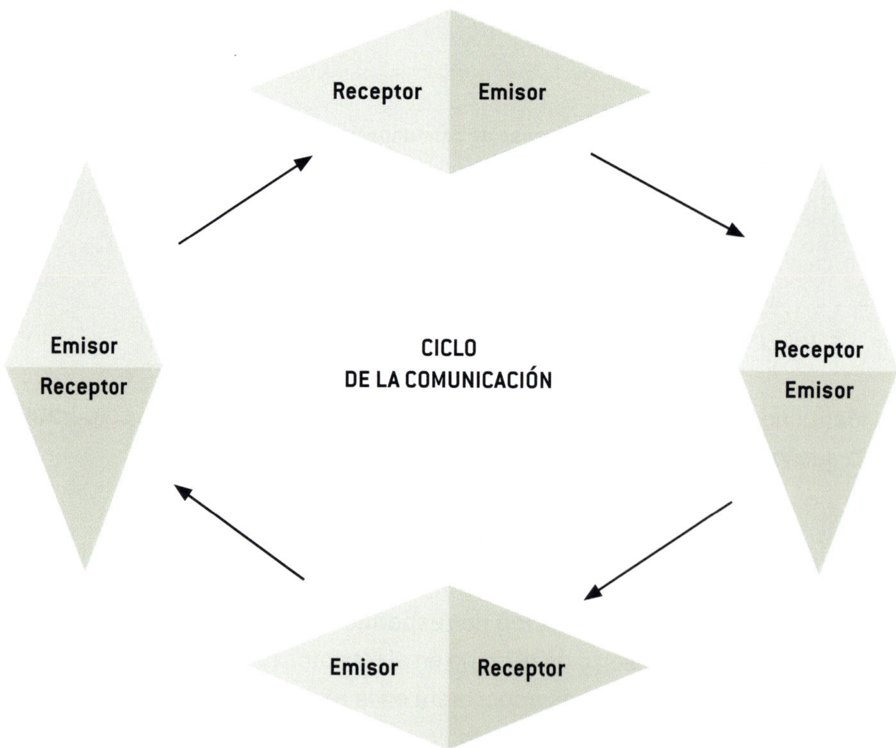

Fig. 1.8. *Ciclo de la comunicación.*

Por otro lado, es preciso tener en cuenta que en cualquier momento del proceso de comunicación pueden presentarse ciertos obstáculos que la dificultan y que es necesario detectar para evitarlos y lograr una comunicación efectiva.

Las **barreras en la comunicación** son los obstáculos o perturbaciones que dificultan la transmisión del mensaje y alteran el proceso de la comunicación.

Las barreras pueden ser **semánticas, físicas, fisiológicas** y **personales**.

BARRERAS	DESCRIPCIÓN
SEMÁNTICAS	El receptor otorga a las palabras un significado distinto al que pretendía el emisor.
FÍSICAS	Son las circunstancias que se presentan en el medio ambiente y que dificultan la transmisión del mensaje: ruidos, distancia, interferencias telefónicas, iluminación, etc.
FISIOLÓGICAS	Son aquellas dificultades en el proceso comunicativo que vienen dadas por las personas intervinientes. Emisor: pronunciación defectuosa, voz ronca, etc. Receptor: problemas auditivos, visuales, etc.
PERSONALES	Estado de ánimo, prejuicios, tristeza, etc.

Ejemplo:

En el transcurso de una llamada telefónica por el teléfono móvil, la comunicación se interrumpe al entrar a un túnel. ¿Qué clase de barrera se ha interpuesto en la llamada?

Solución:

Es una barrera física. El mensaje no solo se ha dificultado, sino que será preciso volver a restablecer la llamada.

1.2.3. Soportes de la comunicación

En comunicación, entendemos por soporte al elemento material que contiene la información. El soporte, por tanto, viene determinado en función del código que se emplee y del canal que se elija para transmitir el mensaje.

Una primera clasificación de los soportes es aquella que realiza la división entre medios físicos y medios en red. Serán medios físicos, o soportes físicos, aquellos que contienen la información en un elemento tangible. En cambio, los soportes en red precisan de una conexión a Internet para hacer llegar la información.

Conviene no confundir los términos de canal y soporte. El canal es el medio utilizado para transmitir la información y el soporte es el elemento en el que se contiene la información. Por ejemplo, una carta comercial puede ser enviada a través de correo convencional y a través de correo electrónico. En el primer caso, el soporte será el papel en el que se ha escrito la carta y el canal el servicio de correos. En el caso del correo electrónico, el soporte es la propia cuenta de correo electrónico y el canal será el tipo de conexión a Internet.

Del mismo modo, si la carta que se ha recibido a través de correo electrónico se imprime, el soporte pasa a ser un soporte físico, es decir, el papel impreso.

La elección del soporte también viene determinada por la clase de comunicación que se emplee para transmitir el mensaje. Esta comunicación puede ser verbal y no verbal. La comunicación verbal, es decir, la que utiliza las palabras para crear un código, puede ser a su vez oral o escrita.

Así, podemos encontrar diversos soportes, algunos de los cuales muestra la siguiente tabla:

	COMUNICACIÓN ORAL	COMUNICACIÓN ESCRITA	COMUNICACIÓN NO VERBAL
SOPORTE FÍSICO	• Discos • Cintas • Grabaciones (contestador automático)	• Papel • Cartón • Tela • Madera • Metal • Etc.	• Papel • Cartón • Tela • Cristal de colores • Etc.   
SOPORTE EN RED	• Archivos digitales (MP3, WAW, MIDI, etc.)	• Documento de Word • Correo electrónico • Hoja de cálculo • PDF • Etc.	• Imágenes o símbolos en formato digital.

1.2.4. Tratamiento hacia el cliente

Los clientes son la razón de ser de toda empresa. Sin ellos, no existirían las ventas y, por tanto, no habría fuente de ingresos. Por ello, buena parte del éxito o del fracaso del proceso comercial recae en el tratamiento a los clientes.

Una correcta gestión de la comunicación hacia los clientes será aquella que contemple un tratamiento adecuado en las fases de relación con ellos.

Las fases del proceso específico de comunicación comercial son las siguientes:

A.— Acogida-recepción

B.— Desarrollo-escucha

C.— Conclusión-despedida

A.— ACOGIDA

Esta fase es primordial, ya que la primera impresión es decisiva: no existe una segunda oportunidad para causar una buena primera impresión.

El primer paso de la acogida comienza con el contacto inicial, en el que son fundamentales una mirada dirigida a los ojos del cliente y una sonrisa franca. Posteriormente se saludará, a ser posible antes de que sea el cliente el que salude y, por último en esta fase, se preguntará en qué podemos ayudar.

B.— DESARROLLO

El cliente será quien exponga sus necesidades. Para comprenderlas y ofrecer el producto o servicio adecuado para satisfacerlas, es preciso llevar a cabo las siguientes acciones:

- Practicar la escucha activa con acciones como no interrumpir mientras habla, asentir con movimientos de cabeza o mostrar empatía.
- Averiguar las necesidades o deseos: en este paso, se realizarán preguntas abiertas, que son las que proporcionan más información (qué, cómo, dónde, cuándo...), cerradas para confirmar esa información (sí-no) y alternativas para ofrecer al cliente distintas posibilidades. También es aconsejable repetir lo esencial de la información para identificar plenamente las necesidades y utilizar un léxico adecuado.
- Ofrecer solución al problema/necesidad/deseo del cliente. Si el producto o servicio está a disposición de la empresa para proporcionárselo, se debe hacer sin generar falsas esperanzas o crear expectativas que no puedan cumplirse. Si no está a disposición de la empresa, bien porque se encuentre en otro establecimiento o bien porque sencillamente no se disponga del producto o servicio, en ambos casos es fundamental ofrecer toda la información para que el cliente encuentre ese producto, aunque sea a costa de remitirlo a una empresa competidora.

C.— CONCLUSIÓN

Antes de despedir al cliente, es importante asegurarse de que queda conforme con la compra y ofrecer nuevas oportunidades para que regrese a nuestra empresa. La despedida será cordial y en los mismos términos en que se realizó el primer contacto, es decir, sin olvidar la sonrisa y la mirada a los ojos.

Durante el tiempo de relación con el cliente, independientemente de la fase en la que nos encontremos, es fundamental ofrecer siempre cortesía, respeto y discreción.

1.3. Identificación del perfil psicológico de los distintos clientes

Los empleados que mantengan contacto con el cliente y, de forma especial, aquellos que tengan a su cargo las acciones de venta, han de ser capaces de estudiar y conocer algunos rasgos de los clientes que posibiliten identificar su comportamiento y adecuarse al mismo.

Aunque cada cliente presenta características distintas de comportamiento, es posible establecer grupos o clases de clientes según algunos rasgos comunes de personalidad para así ofrecer un tratamiento apropiado a cada uno de esos grupos.

Como es lógico, cada empresa cuenta con una clase de clientes que le son propios según el sector de actividad, la situación geográfica o el tipo de productos que comercialice. Por ello, es aconsejable que los empleados del departamento comercial cuenten con una formación específica acerca de esa clase de clientes y el tratamiento que les corresponde.

1.3.1 Aplicación de condiciones de venta

Una atención de calidad al cliente está conformada tanto por un tratamiento adecuado a su perfil psicológico como por la aplicación de unas condiciones de venta acordes a su clasificación comercial o pertenencia a un segmento de mercado.

ATENCIÓN DE CALIDAD = **Tratamiento** + **Condiciones de venta**

Cada cliente, como cada persona, es distinto a los demás y siente unas necesidades y deseos diferenciados del resto, como también son distintos los impulsos que le motivan hacia la compra. Aunque los productos y servicios que pueden servir para satisfacer esas necesidades sean los mismos que para otras personas, el cliente espera que se le ofrezcan unas condiciones de venta diferenciadas del resto.

Así, las condiciones de venta que se apliquen a los clientes están determinadas en función de la personalidad, la clasificación comercial y las motivaciones diferentes que cada uno de ellos ofrezca.

Los tres elementos fundamentales de las condiciones de venta son el precio, las condiciones de pago y los plazos de entrega.

A) EL PRECIO

La principal herramienta de las condiciones de venta es el precio. Las estrategias diferenciadoras consisten en vender el mismo producto o marca a precios diferentes según las características de los consumidores.

Algunas de las estrategias diferenciadoras son las mostradas a continuación:

ESTRATEGIAS	DESCRIPCIÓN
PRECIOS VARIABLES	En contraposición a los precios fijos que consisten en ofrecer idénticos precios con independencia de las características del cliente, en los precios variables el precio es objeto de una negociación. Suele darse en compras de bienes de precios elevados, como por ejemplo la vivienda.
DESCUENTOS POR PRONTO PAGO	Se trata de una bonificación en el precio efectuada al cliente que paga al contado o al cabo de pocos días.
DESCUENTOS POR CANTIDAD	Es una reducción en el precio unitario para los compradores que adquieren una cantidad superior a la normal.
DESCUENTOS ALEATORIOS (OFERTAS)	Consiste en una reducción del precio en momentos o lugares determinados que el comprador no conoce de antemano. Esta estrategia se utiliza para atraer a nuevos clientes o clientes de compra esporádica.
DESCUENTOS PERIÓDICOS (REBAJAS)	Son reducciones de precio en épocas determinadas del año y que sí son conocidas previamente por los compradores.
FIJACIÓN DE PRECIOS SEGÚN LAS CARACTERÍSTICAS DEMOGRÁFICAS	Se trata de aplicar precios distintos según sexo, edad, tamaño de la familia, etc. Por ejemplo, descuentos con "tarjeta joven".

Pasa a la página siguiente

ESTRATEGIAS	DESCRIPCIÓN
FIJACIÓN DE PRECIOS SEGÚN LA LOCALIZACIÓN GEOGRÁFICA	Suele ser provocada por un exceso de producción. La finalidad es controlar un segmento determinado o eliminar competidores.
FIJACIÓN DE PRECIOS SEGÚN LAS CARACTERÍSTICAS SOCIOECONÓMICAS	Los precios se establecen en función de la ocupación laboral o en función del poder adquisitivo. Por ejemplo, precios más bajos a las personas en situación de desempleo.

Ejemplo de estrategia de precios con fijación según las características demográficas: la compañía de seguros AMV ofrece un descuento exclusivo a los mayores de 25 años.

B) LAS CONDICIONES DE PAGO

Directamente relacionado con el precio, aunque forma parte de una estrategia distinta de condiciones de venta, encontramos las condiciones de pago.

Las estrategias posibles en las condiciones de pago son las siguientes:

APLAZAMIENTO DEL PAGO	Diferimiento del pago del importe total de una compra a un momento posterior. Ejemplo: "compre ahora y no pague hasta dentro de tres meses".
VENTA A PLAZOS	En este caso, el diferimiento del pago se realiza durante un periodo establecido con varios vencimientos. Puede fijarse o no un recargo por intereses sobre el importe aplazado.
EFECTIVO/TARJETAS DE CRÉDITO/ CRÉDITOS	Algunas empresas permiten que el pago se realice a través de tarjetas de crédito o débito. En otros casos, se abre con el cliente un crédito por un importe determinado para realizar las compras en un periodo de tiempo. El pago en efectivo puede llevar aparejado descuentos por pronto pago.

Ejemplo:

¿Qué diferencia existe entre un aplazamiento del pago y la venta a plazos?

Solución:

La venta a plazos es una forma de aplazamiento del pago. La característica diferenciadora de la venta a plazos es que se establecen varios vencimientos en fecha determinada.

1.3.2. Transmisión de información comercial según el tipo de cliente

La transmisión de la información comercial hace referencia a la comunicación con el cliente dentro del proceso comercial. En este sentido, el objetivo de la comunicación es propiciar, conseguir o cerrar una venta.

Deben ofrecerse al cliente todos los detalles acerca del producto o servicio y de las condiciones específicas de venta que llevan aparejadas utilizando las estrategias de comunicación acordes con su perfil. Esto representa que el contenido de la información estará relacionado con la clasificación comercial del cliente y la forma de comunicarse con él se planteará de acuerdo a sus características psicológicas o personalidad.

Conocer cuáles son esas características y, por tanto, de qué tipo es cada cliente, permite contar con las herramientas comunicativas necesarias para ofrecerle un tratamiento basado en lo que conocemos de él y lo que podemos hacer.

Veamos a continuación los principales tipos de clientes según su personalidad, los rasgos principales de cada tipo, y unas recomendaciones básicas de atención a esos clientes.

TIPOS DE CLIENTES	CARACTERÍSTICAS	RECOMENDACIONES
AMIGABLE O HABLADOR	Es extrovertido, le gusta hablar mucho y pretende acaparar la atención sin importarle el tiempo.	– Tomar notas. – Interrumpir con cortesía y desviar el tema hacia lo que interesa. – Mantener cierta distancia.
DIFÍCIL	Se queja del servicio recibido, del producto o de la empresa en general. Busca pequeños detalles para enfrentarse con los empleados.	– Mostrar paciencia. – Mantener la calma y escuchar atentamente hasta que termine. – Resolver su queja lo antes posible. – Evitar contradecirle todo el tiempo. – Evitar ponerse a la defensiva.
TÍMIDO	– Es inseguro, indeciso, muestra poca confianza en sí mismo. – Teme cometer errores. – Tiene dificultades para expresarse.	– Ofrecer información detallada. – Crear clima de confianza. – Buscar retroalimentación (muestras de que el mensaje ha sido comprendido).
MINUCIOSO	– Desea información exacta. – Utiliza pocas palabras. – Sabe perfectamente lo que desea. – Es concreto y conciso.	– Demostrar seriedad e interés. – Ofrecer respuestas completas y precisas. – Emplear frases cortas.

Pasa a la página siguiente

IMPACIENTE	– Siempre demuestra prisa. – Exige una atención rápida y muestra tensión si se le hace esperar. – No le importan los derechos de los clientes que hayan llegado antes.	– Ofrecer inmediatamente contacto visual para hacerle saber que hemos comprendido que tiene prisa. – Asentir con la cabeza y con las manos. – Demostrar paciencia e interés.

1.3.3. Motivación

El análisis del comportamiento del consumidor y, por tanto, del conocimiento acerca de sus necesidades y la forma de satisfacerlos es primordial para la consecución de los objetivos del departamento comercial.

Conocer la respuesta a las preguntas de por qué compran los consumidores y por qué compran lo que compran y no otra cosa, es vital para entender las necesidades del mercado y para atenderlo de manera adecuada.

En principio, la respuesta es sencilla: el motivo por el que los clientes compran un producto es porque satisface una necesidad previa. Comprobamos así que la motivación se produce en dos fases consecutivas: reconocimiento de la necesidad en general y elección de un satisfactor en particular.

A) RECONOCIMIENTO DE LA NECESIDAD

Como hemos estudiado en el apartado 1.1.2., la necesidad es una sensación de carencia de algo. Esta sensación es interna y personal y no obedece a factores de influencia externos ni internos. Las necesidades son intrínsecas al propio ser humano y son las mismas independientemente de la cultura, la época, la zona geográfica o el estatus social. Una persona va a sentir hambre y, por tanto, la necesidad de alimentarse, independientemente de si vive en España o en Australia, de si tiene poco o mucho dinero o de si es ahora o hace cien años.

La pirámide de las necesidades de Maslow explica cómo no se asciende al siguiente escalón de necesidades sin haber satisfecho previamente las del escalón inferior. Es decir, las personas satisfacen en primer lugar las necesidades básicas (respirar, beber, comer...); a continuación, y siempre que todas las básicas estén satisfechas, necesitan sentirse seguras y vivir en un entorno estable. Cuando esto se cumple, surge la necesidad de pertenecer a un grupo y, posteriormente, sentirse reconocidas y queridas. El último escalón es el del desarrollo personal.

De lo que se trata por parte de las empresas es de comprender en qué escalón de necesidades pueden situarse sus productos y servicios y efectuar acciones de comunicación y de condiciones de venta acordes a ese nivel. Por ejemplo, la necesidad de comer es una necesidad fisiológica, que se encuentra en la base de la pirámide, pero si alguien satisface esa necesidad en un restaurante de lujo, nos encontraríamos en el escalón de las necesidades sociales o de estima.

B) ELECCIÓN DE UN SATISFACTOR

Una vez reconocida la necesidad, las personas buscan el modo apropiado para satisfacerla según sus características.

En esta fase sí que ejercen su influencia tanto los factores externos como los internos. Así, la edad, el nivel cultural o las recomendaciones de amigos sí que son tomados en cuenta en el momento de decisión de compra. Utilizando el símil anterior, si una persona en Japón siente hambre, de ninguna manera estará motivado a satisfacerla con tortilla de patatas ya que ese plato no se corresponde con su cultura ni tradiciones.

El comportamiento del consumidor comprende todas las actividades que lleva a cabo una persona desde el momento en que siente una necesidad hasta que realiza la compra y consume el producto o utiliza el servicio. Por tanto, además de conocer las necesidades humanas y los factores que influyen en la decisión de compra, las empresas deben conocer otros dos aspectos fundamentales del comportamiento de compra:

- **Quién** toma la decisión de compra.- En un proceso de compra intervienen varias personas, o una sola que adopte los distintos roles de compra. Estos roles son los mostrados en la siguiente tabla:

INICIADOR	Es la persona que comienza el proceso de compra al sentir una necesidad.
INFLUENCIADOR	Es la persona cuya recomendación o consejo ejerce una influencia decisiva en la compra.
DECISOR	Es quien decide sobre algunos aspectos esenciales de la compra como qué comprar, dónde comprar o cómo comprar.
COMPRADOR	Es la persona que lleva a cabo la compra.
USUARIO	Es la persona que finalmente consume o usa el producto o servicio. Suele coincidir con el iniciador.

Fig. 1.9. *Desde el iniciador hasta el usuario, en el proceso de compra pueden intervenir varias personas.*

Ejemplo:

¿Qué rol de compra desempeña un médico que ha recetado un determinado medicamento?

Solución:

El médico es el influenciador. En este caso, más que recomendación o consejo es una prescripción que el comprador debe seguir. Un caso similar ocurre con el profesor que determina qué libro de texto es el que se va a usar en una determinada asignatura.

- **Etapas** del proceso de compra.- Todo proceso de compra atraviesa por una secuencia de etapas que comienzan, tal como hemos visto, por la percepción de la necesidad y finalizan con la evaluación poscompra. Relacionado con el aspecto anterior, es posible que cada una de estas etapas sea llevada a cabo por las personas que ejerzan los distintos roles en el proceso.

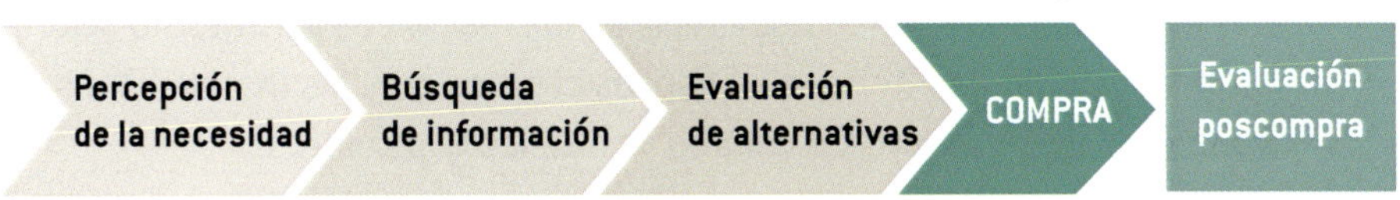

1.4. Relación con el cliente a través de distintos canales

El motivo de la existencia de las empresas es que entre estas y los clientes se produzca una relación de intercambio mediante la cual el cliente ofrece su dinero a cambio de los productos o servicios que le producen satisfacción.

Son las empresas las encargadas de facilitar estos intercambios, conociendo los aspectos esenciales de la compra y de la propia atención al cliente. Con este fin, las organizaciones han de adecuarse a las exigencias del mercado y a las de los clientes en particular, por lo que es precisa una relación cercana con ellos.

Fig. 1.10. *Atención presencial.*

Los tres canales principales de relación con los clientes son la atención directa en el establecimiento o atención presencial, la atención telefónica y la atención telemática.

Estos tres canales o vías de contacto con los clientes deben funcionar de manera coordinada de modo tal que el cliente perciba una atención homogénea, sea cual sea el canal de contacto con la empresa.

1.4.1. Características

A) ATENCIÓN PRESENCIAL

La atención presencial es la que se presta de manera directa en el establecimiento.

Es preciso tener en cuenta que cuando el cliente entabla una relación con la empresa, lo hace con todos los elementos que están en contacto con él y no solo con el departamento específico de atención al cliente.

Por ello, en la atención presencial tienen la misma importancia y consideración tanto el entorno en el que los clientes van a interactuar dentro de la empresa, como los empleados que desempeñen su labor allí independientemente de que sean ellos quienes les atiendan o no.

Los elementos que tienen relevancia en la creación de un entorno favorable a la relación de intercambio con los clientes son: las instalaciones en general, la iluminación, los colores, la música y los olores.

Fig. 1.11. *Atención presencial en la recepción de un hotel.*

INSTALACIONES	– Ubicación apropiada y acorde con las características de los productos o servicios. – Fácil acceso (aparcamientos, movilidad, letreros indicativos, etc.). – Mobiliario y elementos decorativos que faciliten la comunicación.
ILUMINACIÓN	Adoptar intensidad y tonalidades de la luz adecuadas a la clase de productos y servicios y acordes con la imagen corporativa.
COLORES	Emplear la conocida influencia de los colores en el estado de ánimo y en el comportamiento para utilizar en beneficio de las ventas.
MÚSICA	Importante sobre todo en centros comerciales, ya que está comprobado que el ritmo de la música afecta al ritmo de los movimientos de las personas. En cualquier caso, las melodías que se empleen, caso de hacerlo, también deben estar en consonancia con la imagen que la empresa desea transmitir.
OLORES	Cada vez más empresas utilizan fragancias de perfumes u otros aromas, como un elemento más asociado a la imagen corporativa (todos los establecimientos de una determinada empresa huelen igual, estén ubicados donde estén).

B) ATENCIÓN TELEFÓNICA

Aunque la vía de relación telemática, en concreto Internet, cada vez presenta más avances y está más presente en las relaciones de las empresas con sus clientes, el teléfono sigue siendo en la actualidad una importante vía de contacto entre las empresas y sus clientes.

Fig. 1.12. *Atención telefónica.*

Sean cuales sean las características de los productos, de los servicios, el tamaño o el sector en el que desarrollen su actividad, las empresas no pueden prescindir del teléfono como medio de comunicación.

Mediante la atención telefónica, las empresas tienen la oportunidad de ofrecer una imagen eficiente y cercana, además de utilizarla como vehículo de su propia identidad corporativa.

Para que la atención telefónica sea eficaz, debe cumplir con los siguientes requisitos básicos:

- Su finalidad debe ser siempre atender a las necesidades del interlocutor.
- La voz es la imagen de la empresa.
- Las llamadas han de ser realizadas en un horario adaptado a las características del cliente. Por lo general, en las horas comprendidas en el conocido como "horario de trabajo".
- Se debe emplear un vocabulario profesional y cortés y respetuoso.
- Las llamadas han de ser cortas, sin sobrepasar los 15 minutos como norma general.
- Debemos informar del nombre de la empresa y, en determinados casos, también de nuestro propio nombre.

En el tratamiento al cliente, la comunicación telefónica también atraviesa las fases de acogida, desarrollo y conclusión. Sus características específicas son:

ACOGIDA	DESARROLLO	CONCLUSIÓN
Atender la llamada antes del cuarto tono.	Escuchar al cliente hasta que haya terminado de hablar.	Asegurarse de que el cliente ha comprendido la información y que la resolución de la llamada es satisfactoria.
Tener accesible el material necesario (bloc de notas, bolígrafos, etc.).	Realizar preguntas abiertas.	Ofrecer nuestros servicios para próximas ocasiones.
Sonreír.	Hablar claro y despacio.	Preguntar si se puede ayudar en algo más.
Utilizar un tono de voz cálido.	Tomar notas.	Despedirnos con tono cordial y sonreír.
Saludar de manera cordial y formal al mismo tiempo.	Mientras se escucha, utilizar expresiones del tipo "sí, entiendo", para que no se produzcan silencios incómodos.	Esperar a que sea el cliente quien cuelgue.
Identificar a la empresa de manera clara.	Preguntar y confirmar datos.	
Hablar de usted (la iniciativa del tuteo siempre corresponde al cliente).	Excusarse si se va a abandonar el teléfono (para buscar datos o cualquier otra acción necesaria).	
	No hacer comentarios con terceras personas ni con compañeros.	
	No mantener conversaciones simultáneas.	
	Reformular para concretar.	

C) ATENCIÓN TELEMÁTICA

Los medios telemáticos son los sistemas de comunicación a distancia que han surgido con el desarrollo de las telecomunicaciones y la informática, aplicando las redes y servicios de comunicaciones para la transmisión, almacenamiento y procesamiento de cualquier tipo de información.

Las TIC (Tecnologías de la Información y la Comunicación) permiten a las empresas múltiples utilidades que son puestas a disposición en la relación con los clientes. Algunas de las principales utilidades son las siguientes:

- Acceso a todo tipo de información a través de Internet.
- Publicar información de manera autónoma, esto es, sin dependencia de medios de comunicación masivos.
- Correo electrónico, con lo que se consigue el intercambio inmediato de mensajes con los clientes, estén donde estén.
- Transferencia de ficheros, como documentos de todo tipo, manuales, música, imágenes, etc.

En la práctica comercial, las tecnologías de la información, se han afianzado como medio de relación entre las empresas y sus clientes. Internet y todas las posibilidades de aplicaciones en la red representan en la actualidad un medio de comunicación preferente.

Por otro lado, la proliferación de las redes sociales favorece que los clientes formen parte activa, no solo de la relación comercial, sino también del propio proceso de producción.

Fig. 1.13. *Atención electrónica.*

1.4.2. Ventajas e inconvenientes

Es fundamental que las empresas tengan presente que cada una de las vías de relación con los clientes ofrece ventajas e inconvenientes que deberán ser ponderados antes de la elección de una de ellas. Por otro lado, también hay que tener en cuenta que es el cliente quien, en la mayoría de las ocasiones, toma la iniciativa para acudir al servicio de atención al cliente, por lo que es necesario que exista homogeneidad en el tratamiento otorgado, sea por la vía que sea.

ATENCIÓN	Ventajas	Inconvenientes
PRESENCIAL	Es inmediata en tiempo y en espacio.	Comunicación efímera.
	Permite contacto directo con el cliente.	
	La respuesta es instantánea.	La información puede ser alterada con posterioridad por el cliente.
	Posibilidad de rectificar o aclarar en el momento.	
TELEFÓNICA	Es un medio de comunicación directo.	Comunicación efímera.
	Rapidez.	Posible inoportunidad del momento.
	Comodidad.	Distinto entorno físico del cliente y la empresa.
	Coste reducido.	Posibilidad de distracciones.
TELEMÁTICA	Accesibilidad.	En los correos electrónicos no existe interacción.
	Propagación viral.	
	Coste reducido o nulo.	

Ejemplo:

En el caso de tener que ponerse en contacto con un cliente para reclamar el importe de una cuota una vez que ya ha pasado el plazo para efectuar el pago, ¿qué clase de comunicación es la más apropiada?

Solución:

La vía presencial queda descartada, porque es de suponer que el cliente no acude al establecimiento con periodicidad. Por otro lado, es posible que los dependientes no sepan (no tienen por qué saberlo) que el cliente tiene pendiente una deuda. La llamada telefónica no es conveniente en este caso, ya que resulta agresiva y puede ser inoportuna en cuanto al momento de su recepción. Por tanto, en este caso es aconsejable la vía telemática, a través de un correo electrónico, por ejemplo. También sería correcto realizarlo por correo convencional.

1.4.3. Internet como canal de comunicación

La utilización de Internet en la relación con los clientes se realiza a través de los siguientes instrumentos:

- **Correos electrónicos**: la mayor parte de la correspondencia comercial se realiza en la actualidad mediante correo electrónico. Basados en la comunicación escrita como soporte, los correos electrónicos garantizan la inmediatez con un coste prácticamente nulo.

  Mediante el correo electrónico, la empresa puede realizar las siguientes acciones, sin duda útiles en su relación con clientes:

  - Conservar en soporte electrónico copias de los escritos recibidos y enviados.
  - Tener constancia del día y de la hora de recepción o envío de un mensaje.
  - Enviar el mismo mensaje a un grupo de personas (clientes) de manera simultánea.
  - Hacer llegar un mensaje recibido a una tercera persona implicada en el mismo asunto.
  - Enviar documentación adjunta, como catálogos, impresos o folletos.

- **Webs corporativas**: las páginas web de las empresas representan un instrumento muy valioso en la relación, no solamente con los clientes, sino con todos sus grupos de interés. A través de ellas, se ofrece información de los productos, es posible en muchos casos realizar compras o utilizar sus propios servicios online y, por supuesto, dedican un espacio exclusivo de "Atención al cliente".

  En las webs corporativas es frecuente que las empresas dispongan de un enlace a departamento de atención al cliente, desde donde estos pueden realizar sus gestiones sin el condicionamiento de horarios o de lugar. Muchas empresas han incorporado tecnologías de inteligencia artificial mediante las que los clientes interactúan con "asistentes virtuales" que responden en tiempo real a las cuestiones que se les planteen.

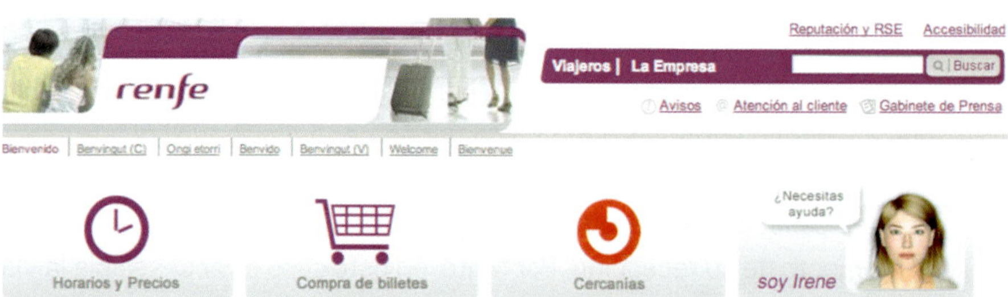

Fig. 1.14. *Cabecera de la página web de Renfe en la que podemos observar el enlace a "Atención al cliente" y la pestaña del asistente virtual.*

- **Blogs**: mediante los blogs es posible intercambiar opiniones entre la empresa y sus clientes. Las empresas que cuentan con blogs corporativos suelen incluir el enlace para acceder a ellos a través de la página web. Además, existe un sistema sencillo, que también utilizan gran cantidad de empresas, para que los clientes lectores del blog puedan compartir las entradas en las distintas redes sociales. De este modo, los contenidos del blog se propagan de manera viral y llegan a muchas más personas. En muchos casos, esta es la primera vía de conocimiento que se tiene de una empresa.
- **Newsletters**: se trata de boletines o revistas de noticias y novedades que las empresas envían a los clientes que se hayan suscrito a ese servicio.
- **Redes sociales**: el auge de las redes sociales como medio de relación con los clientes es innegable. Las redes sociales constituyen en la actualidad una de las más potentes herramientas de marketing para las empresas.

Fig. 1.15. *Web del Instituto de Comunicación Empresarial.*

El servicio de atención al cliente en redes sociales permite su acceso a ofertas y concursos y también a que expresen sus dudas o quejas. La interacción es inmediata y es un excelente sistema para conseguir vinculación con el cliente.

Las redes sociales más empleadas como medio de comunicación con clientes son Facebook, Twitter, Instagram y Youtube.

Es tal la importancia que las empresas conceden a la interacción con los clientes a través de las redes sociales, que la información de su existencia la podemos encontrar, además de en la web y en los blogs, en escaparates, bolsas y hasta en los tiques de compra.

- **Aplicaciones para smartphones:** una de las novedades más recientes de utilización de los medios telemáticos para la relación con los clientes son las "apps" o aplicaciones que pueden ser utilizadas en teléfonos móviles aptos para Internet. A través de las "apps" diversas empresas ofrecen utilidades como compras directas, promociones, reservas, descuentos exclusivos, juegos, etc.

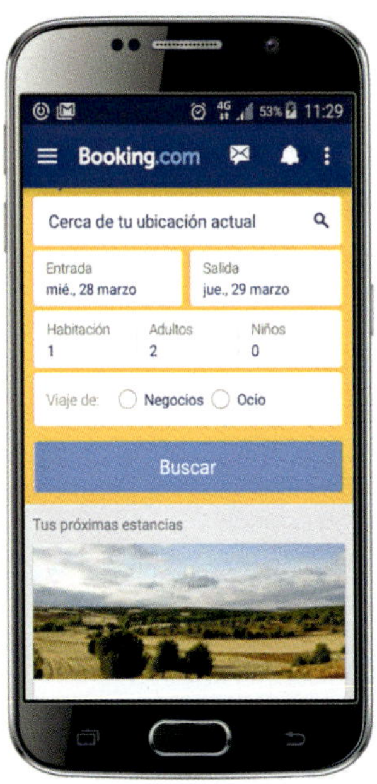

Fig. 1.16. *App de Booking.com.*

1.5. Criterios de calidad en la atención al cliente

La atención al cliente es un servicio añadido que todas las empresas ofrecen a sus clientes, independientemente del sector en el que se encuentren o los bienes que comercialicen. Por otro lado, no existen dos clientes iguales: algunos consideran más importante el trato dispensado y, sin embargo, otros valoran más la calidad de las instalaciones o su apariencia.

Para que una empresa pueda atender con calidad al cliente, debe tener la capacidad para satisfacer sus necesidades. Sin satisfacción no hay calidad, por lo que la calidad en el servicio se convierte por un lado en la medida de la satisfacción de las expectativas de los clientes en relación al servicio percibido y, por otro, en el principal elemento cualitativo de distinción con respecto a la competencia.

La calidad, por tanto, es un elemento cualitativo que responde a la valoración subjetiva de los clientes, puesto que son ellos quienes valoran si el servicio recibido se corresponde con las expectativas puestas en él, y comparan esas expectativas con el servicio finalmente recibido.

En un sentido amplio, la calidad de los servicios para el cliente está conformada por la suma de todas las experiencias que ha vivido durante la transacción comercial. De este modo realiza un balance entre el servicio esperado (expectativas) y el servicio percibido (percepciones).

Las expectativas y las percepciones acerca del servicio son elementos subjetivos que el cliente valora de manera personal. Cada cliente tiene sus propias expectativas y cada cliente percibe las acciones de la empresa de un modo distinto. No obstante, las empresas sí que pueden estudiar cuáles son los factores que determinan tanto las expectativas como las percepciones de los clientes.

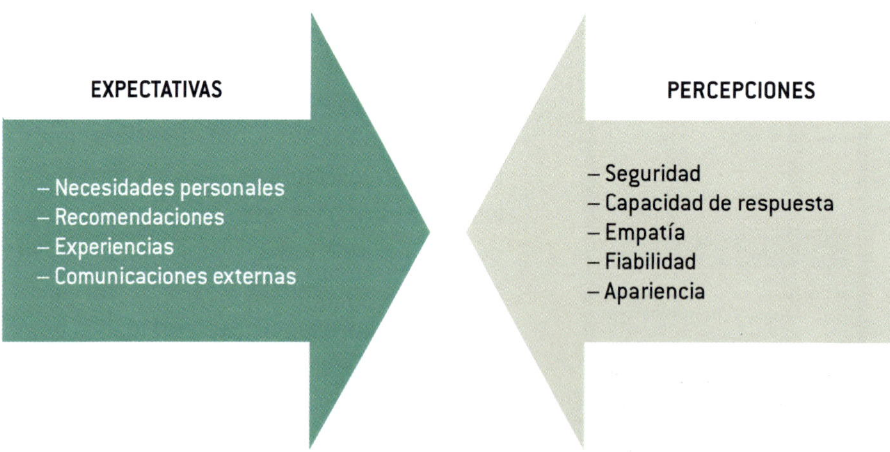

Fig. 1.17. *Elementos de valoración de los clientes.*

La valoración de los clientes acerca de la atención y del servicio recibido es producto de la comparación entre las expectativas y las percepciones. De este modo, es posible establecer el nivel de calidad de acuerdo a su grado de satisfacción del siguiente modo:

Percepciones > Expectativas → Experiencia muy positiva → Calidad excelente

Percepciones = Expectativas → Experiencia satisfactoria → Satisfacción

Percepciones < Expectativas → Experiencia insatisfactoria → Insatisfacción

Ejemplo:

¿Cómo afecta que una persona haya leído en un blog opiniones desfavorables acerca de un determinado producto?

Solución:

Afecta a la calidad, ya que esta información condiciona sus expectativas.

1.5.1. Satisfacción del cliente

Por un lado, sabemos que no existe calidad sin satisfacción. Por otro, que el grado de satisfacción de los clientes que compran un producto o reciben un servicio está en función de la diferencia existente entre sus percepciones y sus expectativas.

Desde el punto de vista de las empresas, la Asociación Española para la Calidad apunta que la satisfacción del cliente se alcanzará cuando coincidan la calidad programada, la calidad realizada y la calidad demandada por el cliente.

CALIDAD DEMANDADA: lo que el cliente quiere y manifiesta en sus exigencias y necesidades.

CALIDAD PROGRAMADA: es la establecida por la empresa como objetivo y que se concreta en las especificaciones de diseño para el producto o servicio.

CALIDAD REALIZADA: se corresponde con la calidad obtenida tras la producción y que queda reflejada en el producto o servicio concreto.

Como se puede comprobar, cualquier desajuste entre los círculos de calidad representaría un gasto superfluo para la empresa o un grado de insatisfacción por parte del cliente.

Fig. 1.18. *Satisfacción y calidades.*

La satisfacción del cliente es una dimensión muy importante de la calidad de cualquier servicio prestado por la empresa en general y de la calidad de la atención al cliente en particular. Los criterios de calidad vienen determinados por las percepciones de los clientes, por lo que la empresa debe conocer su opinión sobre cómo se realiza el trabajo y la forma en que podría mejorarse.

En términos generales, los clientes se consideran satisfechos cuando:

- Creen que el personal se ha preocupado para que no tuviera que esperar mucho tiempo para ser atendidos.
- Consideran que se les permite exponer adecuadamente sus problemas o inquietudes.
- Se les informa con palabras sencillas y comprensibles.
- Les ha inspirado confianza el personal que les ha atendido.
- Consideran que se les ha dedicado el tiempo que requería su caso.
- Perciben que el personal que les ha atendido es competente y está cualificado para su caso concreto.

1.6. Aplicación de la confidencialidad en la atención al cliente

Como derecho fundamental, la protección de datos debe ser desarrollada en una Ley Orgánica. La anterior LOPD (Ley Orgánica de Protección de Datos) existía desde 1999. En este tiempo el mundo ha experimentado una enorme transformación digital y se han multiplicado los sistemas de procesamiento de la información. La nueva LOPD, en vigor desde finales de 2018 contempla estos cambios y transformaciones.

Además, desde mayo de 2018, está en vigor el reglamento europeo de protección de datos, conocido como RGPD.

El **RGPD es el marco común de la comunidad europea** en lo que respecta a la defensa de los datos personales. Antes de la entrada en vigor de este reglamento, cada país tenía su propia regulación en esta materia. Por ello, uno de los objetivos principales de este nuevo reglamento es unificar la fragmentación legislativa que existente hasta entonces en la comunidad europea y ajustar las normas de protección de datos a la realidad existente con el desarrollo tecnológico y a los cambios que se produzcan en la sociedad de la información.

Su objetivo es proteger el tratamiento de los datos personales de ciudadanos europeos y esto ha obligado a los procesadores de datos personales a entrar dentro del marco del RGPD, ya que este reglamento obliga a adecuarse a todo el que trate datos personales de ciudadanos europeos, resida o no en la unión europea.

La nueva Ley Orgánica de Protección de Datos Personales y **Garantía de los Derechos Digitales** es la adaptación de la legislación española a los cambios que introduce el Reglamento Europeo y da cabida a todas las transformaciones en los sistemas de procesamiento de la información.

En definitiva, las dos normas fundamentales que se han de tener en cuenta en la protección de datos son las siguientes:

REGLAMENTO (UE) 2016/679 DEL PARLAMENTO EUROPEO Y DEL CONSEJO de 27 de abril de 2016 relativo a la protección de las personas físicas en lo que respecta al tratamiento de datos personales y a la libre circulación de estos datos y por el que se deroga la Directiva 95/46/CE (**RGPD**).

Ley Orgánica 3/2018, de 5 de diciembre, de Protección de Datos Personales y garantía de los derechos digitales. (**LOPD**).

1.6.1. Procedimientos de protección de datos

Deben cumplir con la normativa de protección de datos todas las entidades públicas y privadas que utilicen cualquier dato personal en el desarrollo de sus actividades.

Esto afecta a la práctica totalidad de las empresas independientemente de su tamaño. Si las empresas tratan datos personales de terceros como puedan ser datos de proveedores, de clientes, de contactos de la web, de suscriptores, de empleados, etcétera, así como datos de navegación de usuario recabados mediante cookies, deben cumplir con la LOPD y el RGPD sin excepciones.

Las principales actuaciones que deben llevar a cabo las empresas en cumplimiento de la normativa de protección de datos son las siguientes:

Mantener un registro de actividades de tratamiento (RAT): según el artículo 30 del Reglamento Europeo de Protección de Datos, las empresas que cumplan alguno de los siguientes requisitos deberán llevar a cabo obligatoriamente un registro de todas aquellas actividades que impliquen tratamiento de datos:

- Empresas con más de 250 trabajadores.
- Tratamiento de datos con riesgo.
- Tratamiento de datos no ocasional, es decir, que la actividad implica un tratamiento de datos de clientes de forma habitual.
- Tratamiento de categorías especiales de datos personales: origen étnico, opiniones políticas, afiliación sindical, datos genéticos o biométricos, convicciones religiosas, datos relativos a la salud, vida sexual u orientación sexual.
- Tratamientos de datos relativos a condenas e infracciones penales.

Este registro es un documento interno que define todos los tratamientos realizados y las medidas de seguridad aplicadas. Es un documento obligatorio y puede ser requerido por la Agencia Española de Protección de Datos en cualquier momento.

Tener un Delegado de Protección de Datos: con la nueva Ley, aparece una nueva figura encargada de velar por el cumplimiento de la normativa en el seno de la empresa, el Delegado de Protección de Datos. Esta persona podrá estar en plantilla o se podrá contratar a un consultor externo a la organización. Los supuestos que obligan a tener a este responsable de forma obligatoria son los siguientes:

- Empresas que realicen tratamiento de categorías especiales de datos personales (mencionadas en el apartado anterior).

- Si se trabaja con datos que requieran una observancia habitual y sistemática de interesados a gran escala.
- Entidades que exploten redes y presten servicios de comunicaciones electrónicas.
- Establecimientos financieros de crédito.
- Entidades aseguradoras.
- Comercializadoras de energía.
- Actividades de publicidad y prospección comercial.
- Centros sanitarios.
- Empresas de seguridad privada.

Tener un responsable de privacidad: en el caso de que la empresa no esté obligada a tener un Delegado de Protección de Datos, no le exime de tener un responsable de privacidad. Todas las empresas deberán designar la persona de la organización que se encargue de velar por la privacidad de los datos. Esta función, en las pymes, podrá ser llevada a cabo por el propietario de la empresa o por cualquier trabajador designado.

Establecer protocolos de ejercicios de derecho, modelos de ejercicio y modelos de respuesta: se trata de responder a los derechos que tienen los ciudadanos sobre su información personal, derechos a acceder, rectificar, limitar, oponerse o suprimir la información que le pertenece.

Contratos de confidencialidad y obligaciones RGPD para trabajadores y colaboradores: es básico informar a todas las personas que tienen acceso a información de terceros sobre sus obligaciones y responsabilidad respecto al tratamiento de datos que realizan.

Cláusulas específicas de información de uso obligatorio para incluir en todos los formularios.

Una de las principales preocupaciones por parte de los clientes es la seguridad acerca de los datos que necesariamente han de conocer las empresas para la realización de las **transacciones comerciales.** El respeto a la confidencialidad es, por tanto, uno de los aspectos primordiales a la hora de conseguir la satisfacción total del cliente.

La utilización de las TIC en las transacciones comerciales propicia una enorme circulación de datos de los clientes. Las bases de datos y la información volcada en ellas no deben convertirse en una preocupación para los clientes. Estos deben contar con el convencimiento de que las empresas no van a comerciar con esa información y de que será utilizada estrictamente para su relación con cada empresa en particular.

Por otro lado, la confidencialidad también consiste en que las empresas han de guardar la debida discreción acerca de los pormenores de la relación mantenida con cada cliente.

Además, las empresas cuentan con la obligatoriedad de cumplir con la legislación vigente en cuanto a confidencialidad. El derecho fundamental a la protección de datos reconoce a las personas la facultad de controlar sus datos personales y la capacidad de disponer sobre ellos.

En el momento de realizar transacciones comerciales a través de Internet, o cualquier otro tipo de relación que implique la disposición de datos personales de clientes, las empresas informan de cómo llevan a cabo estas medidas. Suelen hacerlo en la propia página web, en el apartado de atención a clientes.

Algunas incluso informan de qué clase de Certificados de Seguridad SLL emplean para garantizar la confidencialidad de los datos, de manera tal que el nombre, la dirección postal, la dirección de correo electrónico, teléfonos o números de tarjetas bancarias queden protegidos por diversos protocolos, de manera que resulte imposible sustraerlos o interceptarlos.

El SSL (Secure Socket Layer) es un protocolo de seguridad desarrollado para lograr que la transmisión de datos entre un servidor y un usuario, o viceversa, a través de Internet, sea completamente segura. El protocolo se basa en la utilización de un sistema de cifrado que emplea algoritmos matemáticos y un sistema de claves que solamente conocen el usuario y el servidor. Estas claves permiten la encriptación de los datos para que nadie que no las tenga pueda leer su contenido.

Fig. 1.19. *Certificado de seguridad.*

EJERCICIOS

1- Identifica los elementos del proceso comunicativo en cada una de las situaciones siguientes:

- Un empleado del departamento financiero se interesa por la salud de uno de los hijos del jefe del departamento de marketing.
- El director de una sucursal bancaria recibe una llamada telefónica de un cliente.
- El encargado de la centralita de una empresa informa a su jefe de las llamadas que ha tenido en el día.

2- ¿Qué clases de barreras pueden darse en una comunicación?

3- ¿Qué diferencia existe entre imagen corporativa e identidad corporativa?

4- ¿Qué características tiene la atención presencial?

5- ¿Cuáles son las fases de la atención presencial?

6- Explica la posible relación entre calidad de un producto y precio de ese producto.

7- ¿Qué ley es la que las empresas están obligadas a cumplir en cuanto a confidencialidad de los datos personales de los clientes?

8- ¿Qué es el código?

a) Es la situación en la que se desarrolla la comunicación.

b) Es el contenido objetivo de la comunicación.

c) Es el medio a través del que se emite el mensaje.

d) Ninguna de las anteriores.

9- ¿Qué es la información?

a) El contenido objetivo de la comunicación.

b) La relación entre emisor y receptor.

c) Lo mismo que la comunicación.

d) La transmisión de un mensaje.

10- ¿Qué es la retroalimentación?

a) Una barrera del proceso de comunicación.

b) Un elemento del proceso de comunicación.

c) Una fase del proceso de comunicación.

d) Un principio de comunicación.

2. Comunicación de información comercial en los procesos de compraventa

Introducción

Tanto para las personas como para las empresas, la comunicación representa el vehículo a través del que se establecen las relaciones con el resto de individuos o de organizaciones.

En el seno de toda organización se necesita el constante uso de la comunicación ya que esta propicia la coordinación de las actividades que realizan sus miembros, favorece la consecución de los objetivos planteados y transmite la imagen de la empresa. Sin comunicación no existe trabajo en equipo, ni es posible ejercer el liderazgo, ni hay atención a clientes o relaciones interpersonales hacia dentro o fuera de la empresa.

Pero no hay que entender la comunicación únicamente como el soporte que sustenta todas estas actividades; la comunicación es un activo más que debe ser gestionado cuidadosamente por los responsables de las empresas. Este activo es imprescindible en las relaciones comerciales en general y en los procesos de compraventa en particular.

A través de acciones comunicativas las empresas mantienen informados a sus clientes de los productos y servicios, precios, ofertas, promociones, localización o formas de pago.

En definitiva, los procesos de compraventa son procesos de comunicación específicos de las relaciones comerciales.

Contenido

2.1. El proceso de compraventa como comunicación

La comunicación es el elemento primordial del proceso de compraventa. El producto, o el servicio, no existen para el cliente hasta que, por medio de acciones comunicativas, recibe información acerca de su existencia.

La compraventa se convierte así en un proceso de comunicación en el que una empresa desea transmitir información sobre sus productos a sus clientes.

Las figuras del emisor y el receptor en el proceso de compraventa se transforman en las de vendedor (empresa vendedora) y comprador (cliente).

Fig. 2.1. *Comunicación en la compraventa.*

El proceso de comunicación en la compraventa no finaliza en el caso de que el cliente adquiera el producto y tampoco en caso contrario. Tanto si se efectúa la compra como si no, el proceso se sigue realimentando a sí mismo de modo tal que, en caso de compra, es necesario conocer los aspectos determinantes de la satisfacción del cliente y reintroducirlos en los siguientes procesos para su mejora y, en el caso de que no se produzca la venta, la empresa debe analizar los motivos y comprobar qué elemento de la comunicación ha de mejorarse.

En cuanto al canal, como un elemento más del proceso de comunicación en la compraventa, cabe decir que es posible realizar una primera clasificación de los canales en dos tipos: personales o impersonales.

	PERSONALES	IMPERSONALES
Técnicas de comunicación	Fuerza de ventas	Publicidad, relaciones públicas, marketing directo, etc.
Medios de comunicación	Contacto personalizado	Contacto no personalizado
Emisor	Mensaje adaptable al cliente	Mensaje uniforme
Receptor	Mayor atención	Dificultad en la atención
Respuesta	Inmediata	Diferida

Al utilizar canales personales, las empresas dirigen su acción comunicativa directamente al cliente y de manera individual. La comunicación es realizada por la fuerza de ventas, que es el nombre por el que se conoce al personal dedicado directamente a la venta (vendedores). Ya sea de manera presencial, telefónica o por escrito, el cliente recibe la información comercial de modo exclusivo.

Cuando se realiza el proceso de compraventa mediante un canal personal, por ejemplo dentro del establecimiento, el vendedor puede adaptar su mensaje a la retroalimentación que el cliente le ofrezca: argumentar objeciones, proponer soluciones personalizadas, ofrecer productos similares, etc. En cambio, si el canal es impersonal, como puede tratarse en el caso de una campaña publicitaria a través de televisión, la información comercial es la misma para todos los clientes. Por ese mismo motivo, la atención prestada por parte del cliente es mucho mayor cuando el mensaje va dirigido a él en exclusiva.

La principal ventaja de la utilización de los canales personales es que en el mismo momento en el que se produce el proceso de comunicación, la empresa sabe si el proceso ha culminado con éxito, esto es, si se ha producido la compra, o no. La respuesta es inmediata. En el caso de los canales impersonales, la respuesta se produce después del proceso. Es una respuesta diferida.

2.1.1. Aspectos básicos: identificación de la comunicación en la venta

Las clases de comunicación en la venta, como la comunicación en general, pueden agruparse según tres criterios:

- Según el ámbito.
- Según el medio.
- Según la posición.

A) SEGÚN EL ÁMBITO

Si se atiende al ámbito, distinguimos entre comunicaciones externas y comunicaciones internas.

CLASE	DEFINICIÓN	EJEMPLO
Comunicaciones internas	Se establecen entre los miembros de la empresa.	Una convocatoria a una reunión.
Comunicaciones externas	Son las que se dirigen desde la empresa hacia el exterior.	Una carta de pedido de productos.

De este modo, la comunicación en el proceso de compraventa queda identificada como comunicación externa, ya que el comprador, el usuario o el cliente en definitiva no es un miembro de la propia empresa sino alguien ajeno a ella.

B) SEGÚN EL MEDIO

Todos los posibles medios de comunicación, en general, pueden dividirse en comunicación verbal y comunicación no verbal.

COMUNICACIÓN		
COMUNICACIÓN VERBAL	Comunicación oral	
	Comunicación escrita	
COMUNICACIÓN NO VERBAL	Lenguaje corporal	
	Distancias	
	Voz	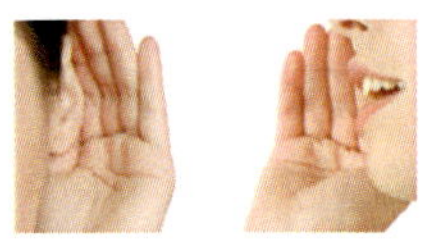

LA COMUNICACIÓN VERBAL es la que utiliza la palabra como instrumento para transmitir el mensaje. Por ello, la comunicación verbal engloba tanto a la comunicación oral, que se produce cuando las palabras se transmiten a través del habla, como a la comunicación escrita, cuando las palabras se representan de manera gráfica en un soporte permanente. No obstante, es muy frecuente y aceptado de manera generalizada utilizar el término "comunicación verbal" para referirse a la comunicación oral.

LA COMUNICACIÓN NO VERBAL se produce a través de distintos signos, como las imágenes, los gestos o las posturas.

C) SEGÚN LA POSICIÓN

Por la posición que el vendedor y el comprador ocupan dentro del proceso de comunicación, podemos agrupar todas las acciones comunicativas en las siguientes:

- Comunicación presencial
  - Comunicación verbal (oral)
  - Comunicación no verbal
- Comunicación escrita
- Comunicación telefónica

COMUNICACIÓN PRESENCIAL: es la que se produce cuando cliente y vendedor coinciden físicamente en un mismo espacio (establecimiento comercial) y tiempo. Es la comunicación cara a cara. Por sus características, es considerada la comunicación por excelencia, ya que tanto emisor como receptor son los protagonistas de cada una de las acciones del otro.

En la comunicación presencial entran en juego tanto la comunicación verbal, es decir, la que utilizamos al hablar, como la no verbal. La comunicación no verbal es el conjunto de mensajes que se envían sin palabras, y acompañan al lenguaje verbal y ayudan a interpretarlo.

Con el fin de conseguir una eficaz comunicación verbal en el proceso de ventas, los mensajes deben atenerse a los siguientes requisitos:

Concreción	Tener claro el asunto del que se va a hablar. Ser concretos e "ir al grano".
Brevedad	Frases cortas y bien estructuradas.
Precisión	Utilizar las palabras adecuadas para la idea que se quiere expresar. Evitar el uso de muletillas o de palabras-comodín
Adecuación	El lenguaje empleado ha de ser el que se corresponda con las circunstancias del comprador. La adecuación se manifiesta en el vocabulario, en la voz y en el correspondiente lenguaje no verbal.
Capacidad de escucha	Realizar una escucha activa, con aplicación de la habilidad social de la empatía. La comunicación oral es flexible y debe adaptarse a lo que se escucha.

La comunicación oral se sustenta en las palabras que se elijan para transmitir las ideas. Con frecuencia se utilizan palabras y expresiones que no resultan adecuadas y que pueden perjudicar al desarrollo de una comunicación efectiva.

A veces, incluso, una incorrecta utilización de las palabras puede desembocar en la pérdida de una venta o en una situación conflictiva con un cliente.

Las palabras que se deben evitar son las consideradas "lenguaje negativo", ya que dificultan la comunicación. Son las siguientes:

EVITAR	DESCRIPCIÓN	EJEMPLOS
Palabras técnicas	Aquellas que no forman parte del léxico cotidiano del cliente.	(Dependen del sector) Chequear, revocación, curricular, retractilar, parametrización, etc.
Palabras de argot	Son las utilizadas en el lenguaje común de la calle y que se acercan a un registro vulgar.	Curro, colega, mazo, mogollón, etc.
Extranjerismos	Aquellas que pueden sustituirse por otras en nuestro idioma.	Online, mailing, e-mail, overbooking, etc.
Palabras vulgares o desgastadas	Se utilizan como muletillas y no aportan precisión al habla.	Vale, bueno, bien, etc.
Palabras "negras"	Son las que sugieren al receptor una imagen oscura.	Problema, difícil, dificultad.
Palabras negativas	Aquellas que tienen carga negativa y que atraen el "no" del cliente.	No, tampoco, nunca, jamás, de ningún modo, etc.
Frases imperativas	Las que pueden ser consideradas como una orden hacia el cliente.	Espere aquí, tranquilícese, vuelva después, etc.
Superlativos	Su utilización resta credibilidad al vendedor o fiabilidad al producto.	Buenísimo, inmejorable, extraordinario, súper, etc.

Por supuesto, bajo ningún concepto deben emplearse ante el cliente palabras groseras, malsonantes, despectivas o irrespetuosas.

En cuanto a la comunicación no verbal, hemos de tener en cuenta que, aunque el contenido del mensaje se expresa mediante palabras, su significado se transmite a través de nuestro cuerpo y de nuestra voz. Las palabras representan tan solo el 7 % de la comunicación; el resto corresponde al lenguaje no verbal.

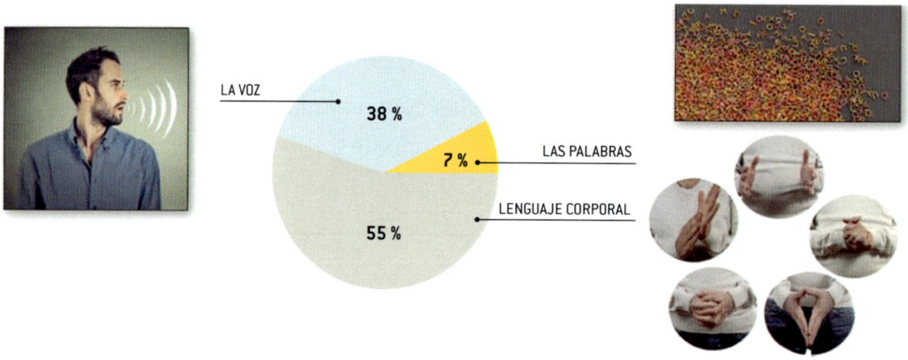

Fig. 2.2. *Comunicación no verbal.*

La voz y el lenguaje corporal, incluidas las distancias interpersonales, conforman el lenguaje no verbal.

- La voz. Mediante los elementos de la voz se reflejan las emociones más que a través de las propias palabras. Los elementos de la voz son la claridad, el volumen, el tono y el ritmo.
- El lenguaje corporal. Es el expresado a través de gestos, posturas y expresión facial.
- La distancia interpersonal. Es el espacio que marcamos entre nuestro cuerpo y el de las personas que se encuentran a nuestro alrededor. En las situaciones de compraventa, la distancia que se marca es la distancia personal (entre 45 y 125 cm) o la distancia social (entre 1,25 y 3,5 metros).

La comunicación presencial combina la comunicación verbal y la comunicación no verbal. A partir de dicha combinación, es recomendable proceder con las siguientes pautas comunicativas en todas las relaciones presenciales con los clientes:

- El saludo debe ser inmediato al recibir.
- Es preciso adoptar una postura de respeto al dirigirse al cliente, sin permanecer sentados, apoyados o excesivamente relajados.
- Es incorrecto mantener corrillos, discusiones o charlas entre el personal en presencia de clientes.
- Si el tipo de venta exige asesorar y guiar al comprador, es necesario situarse junto a esa persona y permanecer con ella todo el tiempo necesario.
- Si al llegar un cliente estamos ocupados, debemos mostrarle con gestos que hemos advertido su presencia y que enseguida estaremos con él.
- Utilizaremos la sonrisa para expresar cordialidad.

- Hay que cuidar las distancias interpersonales. Si nos acercamos demasiado al cliente, podemos intimidarle y hacerle sentir incómodo.
- El volumen de voz y la entonación deben ser los adecuados. Ni demasiado alto, ni demasiado bajo.
- Ante una puerta, hemos de ceder el paso a los clientes. En caso de que sea necesario dirigirles hacia un lugar, lo adecuado es que el vendedor camine por delante para indicar el camino.
- Se procurará memorizar el nombre del cliente y utilizarlo durante la conversación.

COMUNICACIÓN ESCRITA: las comunicaciones escritas otorgan a las empresas la eficacia que precisan para su buen funcionamiento. Son pocas las actividades de compraventa que no necesiten una posterior confirmación escrita o su plasmación en un documento.

La comunicación escrita asume un papel relevante en la comunicación empresarial debido a sus cualidades de seguridad, capacidad y aptitud.

La seguridad que proporciona su permanencia.
La capacidad para contener informaciones complejas.
La aptitud para usarse en momentos y lugares diferentes.

La mayor parte de los documentos que genera la empresa son los relacionados con la correspondencia comercial, es decir, con el intercambio de cartas comerciales, bien sea a través de correo ordinario, o bien a través de correo electrónico. No obstante, la comunicación escrita en los procesos de compraventa incluye diversos tipos de documentos y soportes.

- **Carta comercial**: es el documento clave de la comunicación escrita en las empresas. Mediante las cartas comerciales, se establecen y fomentan las relaciones de intercambio entre las empresas y sus clientes y proveedores.
- **Folletos promocionales**: a través de ellos se dan a conocer las eventuales promociones o descuentos para los distintos servicios y productos que ofrece la empresa.
- **Catálogos**: se utilizan para ofrecer una información detallada sobre los productos y servicios que comercializa la empresa.

- ***Blogs* corporativos**: son plataformas en las que se intercambian y se responden opiniones entre el titular y sus lectores.
- ***Webs* corporativas**: son páginas *web* en las que las empresas dan a conocer sus productos y servicios mediante textos, gráficos y enlaces.
- **Redes sociales**: En las relaciones con los clientes a través de redes sociales (Facebook, Twitter, etc.) las empresas emplean textos (denominados *"post"*) que, por supuesto, deben cumplir todos los requisitos de las comunicaciones escritas.

Los requisitos indispensables que es preciso tomar en consideración para conseguir una comunicación escrita eficaz son claridad, precisión, sencillez, concisión y corrección.

CLARIDAD

La claridad es la cualidad que permite que un escrito sea comprensible y de fácil lectura. El texto tiene que estar redactado de manera tal que solo pueda interpretarse en un sentido. Esto se consigue mediante el orden en la exposición de los asuntos y el empleo adecuado de los signos de puntación y de enlaces, sin abusar de las oraciones subordinadas, abreviaturas, siglas o palabras rebuscadas.

CORRECTO	INCORRECTO
A partir del próximo mes de octubre la dirección de nuestros almacenes es la siguiente: C/ Lamarto, 26. 33001. Oviedo.	La dirección de nuestros almacenes que hasta ahora era c/ Longinos, 30 como Vds. ya saben, ya que hemos recibido sus géneros en esa dirección, va a cambiar a partir del próximo mes de octubre. En lo que resta de tiempo, nuestro almacén sigue operativo en c/ Longinos, 30, pero será c/ Lamarto, 26 a partir de octubre.

PRECISIÓN

La precisión consiste en utilizar las palabras y expresiones adecuadas al significado que se quiere dar. Para ello es preciso evitar el uso de las palabras-comodín y emplear un léxico amplio.

CORRECTO	INCORRECTO
Firmaremos un contrato.	Vamos a hacer un contrato.
La rapidez en la entrega es uno de los aspectos más valorados.	Una de las cosas que más valoramos es la rapidez en la entrega.
Disponemos de tiempo para realizar el informe.	Tenemos tiempo para hacer el informe.

SENCILLEZ

Un escrito sencillo es aquel que emplea palabras y frases de fácil comprensión y evita las expresiones rebuscadas y los extranjerismos.

CORRECTO	INCORRECTO
Consideraremos su petición...	Tomaremos bajo consideración sus requerimientos...
A causa de la sobreventa...	Por causa del *overbooking*...
Situar.	Contextualizar.

CONCISIÓN

La concisión consiste en utilizar solo aquellas palabras que sean imprescindibles para expresar lo que se quiere.

CORRECTO	INCORRECTO
Según los fundamentos.	Según los fundamentos básicos.
Hoy.	En el día de hoy.
El rechazo del documento.	La no aceptación del documento.

CORRECCIÓN ORTOGRÁFICA Y GRAMATICAL

En la comunicación escrita es fundamental conocer y aplicar correctamente las normas ortográficas y gramaticales.

CORRECTO	INCORRECTO
Importe que descontaremos.	Importe a descontar.
Ha habido.	Han habido.
Es para ti.	Es para tí.
¿Cuándo enviarán el pedido?	¿Cuando enviarán el pedido?
Delante de nosotros.	Delante nuestro.
De acuerdo con nuestros datos.	De acuerdo a nuestros datos.
Los mejores en precios.	Los mejores a nivel de precios.

COMUNICACIÓN TELEFÓNICA: el teléfono en el proceso de compraventa es una herramienta fundamental y muy utilizada por los clientes. Proporciona la inmediatez de las comunicaciones presenciales aunque, a diferencia de estas, el único elemento comunicativo con el que se cuenta es la voz.

Por ello, además de todos los requisitos estudiados para conseguir una eficaz comunicación oral, la comunicación telefónica cuenta con sus propias particularidades y recomendaciones:

Cuenta con la documentación necesaria que permita informar y asesorar a los clientes (formularios, tarifas, catálogos, etc.).
Realiza un guion con los pasos que hay que seguir y anota los detalles importantes de la conversación (nombres, fechas, cifras, etc.).
Cumplimenta una ficha para cada llamada con indicación del nombre del interlocutor, empresa, hora de llamada, observaciones, etc.
Utiliza fórmulas de cortesía: llama al cliente por su nombre, saluda con amabilidad, utiliza siempre "por favor" y "gracias" y emplea el tratamiento "de usted".
Emplea la sonrisa como un recurso comunicativo más. Aunque el cliente no pueda ver, sí percibe la sonrisa a través del teléfono.
Cuida el volumen de la voz, la entonación, la velocidad y la pronunciación.
Deletrea nombres y repite datos o cifras para asegurar el mensaje.

Además de estas recomendaciones básicas, en cada una de las fases de la comunicación telefónica (al descolgar, durante la llamada y en la despedida) es necesario realizar una serie de acciones específicas.

AL DESCOLGAR

- Coger el teléfono antes del cuarto tono de llamada.
- Saludar cortésmente.
- Evitar las distracciones para concentrarse en esa llamada.

DURANTE LA LLAMADA

- Averiguar los motivos de la llamada y fijar las necesidades del cliente.

- Emplear un ritmo lento. En las conversaciones telefónicas la velocidad normal es de 150 palabras por minuto, que se reducirá a 100 palabras por minuto en el deletreo.
- Vocalizar correctamente.
- Tomar notas.
- Evitar las muletillas.
- En el caso de que la llamada deba ser atendida por otra persona, realizar con rapidez la transferencia de la llamada.

EN LA DESPEDIDA

- Mantener una actitud cordial.
- Agradecer la llamada.
- Esperar a que sea el cliente quien cuelgue.

Ejemplo:

Roberto acude a un concesionario de automóviles para interesarse por las características de un vehículo que desea adquirir. Clasifica esta comunicación según los tres tipos.

Solución:

- Según el ámbito: es una comunicación externa. Roberto no pertenece a la empresa, ya que es un cliente.
- Según el medio: es una comunicación oral, en la que también intervienen elementos de comunicación no verbal.
- Según la posición: es una comunicación presencial.

Esquema de realización de llamadas

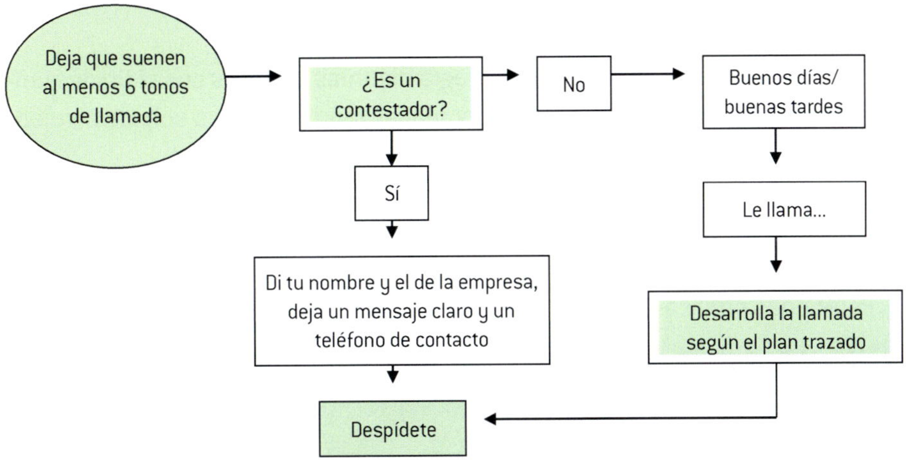

Esquema de recepción de llamadas

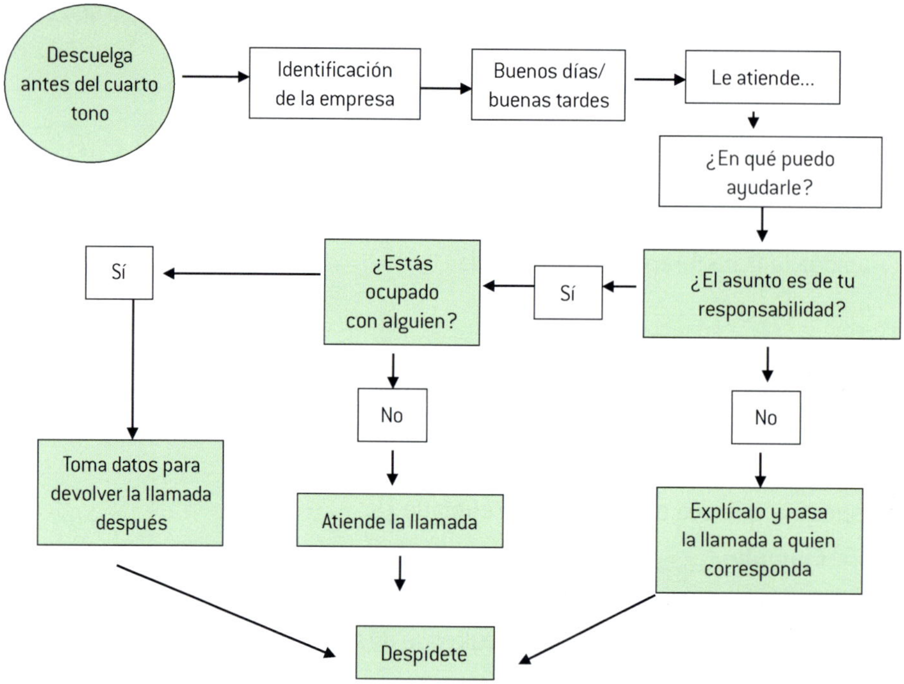

2.1.2. Técnicas y medios de comunicación de la compra y la venta

En apartados anteriores hemos estudiado que el Departamento Comercial o de Ventas tiene, como objetivo principal, hacer llegar a los clientes los bienes y servicios producidos por la empresa y, como función prioritaria, establecer el contacto con los clientes.

El papel de la comunicación no es otro que, precisamente, dar a conocer esos bienes y servicios a través del contacto con los clientes. Para que un producto se venda, en primer lugar hay que darlo a conocer.

La comunicación en la compraventa integra distintas técnicas con el fin de cumplir el objetivo prioritario de eficacia comercial. Estas técnicas son las siguientes:

1. **Publicidad**

2. **Promoción**

3. **Relaciones públicas**

4. **Marketing directo**

5. **Venta personal**

1. PUBLICIDAD

La publicidad es una de las herramientas más potentes con las que cuenta el marketing. Incluso es fácil comprobar cómo en el lenguaje de la calle se confunden los términos de marketing y publicidad.

La publicidad es solo uno más de los instrumentos con los que cuenta el marketing para dar a conocer los productos que pueden satisfacer necesidades. Forma parte, como hemos visto, de las técnicas de comunicación comercial.

Definimos publicidad como el sistema por el que se hace llegar información comercial a los públicos objetivos a través de medios de comunicación masivos.

Según esta definición, las características de la publicidad son las siguientes:

Impersonalidad	**El mensaje se dirige de manera indiferenciada a numerosos grupos de personas.**
Coste	Es necesario contratar los servicios de un medio de comunicación y pagar por ellos.
Utilización de medios de comunicación masivos	Los medios son prensa, radio, televisión o Internet.

2. PROMOCIÓN

Las promociones son las actividades comerciales que persiguen el objetivo de incrementar las ventas a corto plazo o de dar a conocer un producto.

No existe un catálogo de promociones homogéneas, ya que cada empresa ideará las más convenientes a su sector, tipo de producto o servicio, circunstancias temporales o características de su segmento.

Ofertas especiales de aniversario, 3 x 2, 2ª unidad al % de descuento, unidades gratis por la compra de x artículos... son ejemplos de distintas promociones.

Fig. 2.3. *Ejemplo de promoción.*

3. RELACIONES PÚBLICAS

La función de las relaciones públicas es conseguir una imagen positiva de la empresa por parte de los clientes y, en general, de todos sus grupos de interés.

Las actividades que llevan a cabo las funciones públicas están orientadas, por tanto, a destacar los aspectos positivos de la empresa y minimizar los puntos negativos que puedan presentarse. Algunas de las actividades de relaciones públicas son las siguientes:

- Organizar y disponer toda la información generada en la empresa, tanto en las comunicaciones externas como en las internas.
- Preparar campañas de comunicación que integren publicidad, promociones, información en la web, etc.
- Planificar eventos como asistencia a ferias, ruedas de prensa, presentaciones de artículos, etc.
- Diseñar protocolos y manuales de actuación.
- Gestionar la comunicación en situaciones de crisis.

4. MARKETING DIRECTO

El marketing directo se basa en la búsqueda de formas de comunicación individualizada con el cliente. A través del marketing directo se persiguen dos fines comerciales: por un lado, conseguir clientes y, por otro, asegurarse la fidelidad de los clientes ya ganados.

Las acciones de marketing directo aúnan los sistemas tradicionales de comunicación y aquellos que se valen de las TIC. En ambos casos, la ventaja de estos sistemas es que es posible conocer la cuota de respuesta de los clientes de manera inmediata. La empresa conoce las reacciones positivas en el mismo momento de realizar la actividad de marketing directo.

Los medios de marketing directo más empleados son los siguientes:

MEDIO	DESCRIPCIÓN
Telemarketing	Actividades de captación de clientes o de ventas a través del teléfono.
Correspondencia	Folletos, vales de descuento, catálogos, etc., que utilizan como vía de transmisión el correo ordinario o el correo electrónico.

"Take one"	Folletos de ofertas y descuentos, entregados en mano a los posibles clientes.
Prensa diaria y/o revistas. Newsletters	Cupones de descuento, encartes o información de números de teléfono a los que llamar para obtener ofertas.
Internet	Promociones y ventas inmediatas, mediante pago electrónico en webs y apps.

5. VENTA PERSONAL

Las ventas personales son aquellas en las que cliente y empresa vendedora interactúan de manera presencial. Las ventas personales se dan no solo en los establecimientos comerciales, sino también a través de representantes que realizan su actividad de venta en el lugar en el que esté situado el cliente.

En las ventas personales, la fuerza de ventas pone de manifiesto todas las habilidades comunicativas presenciales explicadas en apartados anteriores.

Fig. 2.4. *Venta personal.*

Ejemplo:

Mientras paseaba por la calle, a Marta le entregan un folleto informativo sobre una tienda de cosméticos cercana. En ese día ofrecen un descuento del 5 % a quienes presenten ese folleto en la tienda. ¿Qué clase de técnica de compraventa se ha empleado en este caso?

Solución:

Es una técnica de marketing directo. Se trata del "take one". La ventaja de este sistema es que se conoce de inmediato la respuesta del cliente.

2.1.3. Argumentación comercial

El argumento comercial, o la argumentación comercial, es el conjunto de frases, palabras y acciones que estimulan en el cliente el deseo y la motivación para adquirir los productos o los servicios de las empresas vendedoras.

Los requisitos de la argumentación comercial son los siguientes:

- ADAPTACIÓN AL CLIENTE: debe emplear razonamientos dirigidos a explicar por qué el producto satisface las necesidades y, sobre todo, a incidir en las motivaciones de compra del cliente.
- DIFERENCIACIÓN DEL PRODUCTO: debe explicar todos los atributos del producto o del servicio que le hacen distinto a los demás, le diferencian de la competencia y le otorgan carácter de único.
- EXPRESIVIDAD: los razonamientos han de ser originales y llamativos, con el fin de captar la atención del cliente.

La argumentación comercial está integrada por los siguientes elementos:

ELEMENTOS DE LA ARGUMENTACIÓN COMERCIAL	
Contenido	Explicación de los atributos del producto y las ventajas que ofrece respecto a otros.
Lenguaje	Utilización de un vocabulario sencillo, fácil de entender y que evite todas las expresiones de lenguaje negativo. Es recomendable la utilización de los verbos por encima de los sustantivos. Los verbos aportan dinamismo y estimulan la acción.
Voz	– Ritmo pausado, pero no lento. – Entonación adecuada. – Volumen constante en toda la frase. – Dicción y vocalización correctas.

2.1.4. Tratamiento de objeciones

Con frecuencia, los clientes pueden presentar objeciones o hacer preguntas en el transcurso de la argumentación. Por ello, las objeciones deben considerarse como un factor importante de las ventas, ya que consisten en los razonamientos o en las dificultades que los clientes aprecian con respecto a los argumentos de los vendedores.

Los vendedores han de estar preparados para rebatir o contrarrestar el efecto negativo de las objeciones que puedan presentarse. De este modo, las objeciones se convierten en una oportunidad para conocer mejor las necesidades de los clientes y adaptar la argumentación comercial.

Todas las preguntas, dudas, observaciones y dificultades que pueden presentar los clientes, se clasifican en los dos siguientes tipos de objeciones:

A) Objeciones sinceras: el cliente manifiesta sus dudas acerca de que el producto sea el adecuado para él; tiene verdadero interés en la adquisición pero no está del todo convencido de que el producto sea el adecuado a sus necesidades o a sus circunstancias económicas. En las objeciones sinceras, el cliente muestra una actitud participativa y de interés. Estas objeciones suelen presentarse durante el desarrollo central de la argumentación.

B) Objeciones pretextos: en este caso, el cliente no está interesado en la adquisición y busca evadir el compromiso con excusas de diversa índole. La actitud del cliente en este caso es fría y distante. Las objeciones pretextos se suelen manifestar al inicio y al final de la argumentación.

El tratamiento de las objeciones se afronta desde dos vías: en cuanto a las **actitudes** y en cuanto a la **respuesta.**

Las **actitudes** generales para responder a las objeciones son las siguientes:

- Anticiparse y estar preparado en caso de que aparezcan.
- Identificar de qué clase de objeción se trata.
- Aceptarlas de buen grado. No expresar contrariedad ni rechazo.
- Tratar la objeción como una oportunidad.
- Afrontar la objeción en lugar de evadirla.
- Escuchar con atención. No apresurarse en la respuesta.
- Sinceridad en el caso de las dudas.
- Separar la objeción del resto de los argumentos de venta.

En cuanto a la **respuesta** y los razonamientos que se deben ofrecer a las objeciones, están directamente relacionados con el motivo de la objeción. Es decir, que se ofrecerán y se tendrán preparadas respuestas para cada uno de los siguientes motivos:

- PRECIO: ofrecer razonamientos que incidan en el valor del producto y en los beneficios que puede reportar su adquisición.
- FIDELIDAD A OTRO PRODUCTO: minimizar los riesgos del cambio y resaltar los atributos diferenciadores del producto.

- DUDAS: resolverlas con información detallada.
- CIRCUNSTANCIAS ECONÓMICAS: sugerir alternativas o facilidades de pago cuando sea posible.
- DESCONOCIMIENTO: informar, comunicar todas las ventajas del producto. Eliminar las ideas preconcebidas en caso de detectarlas.
- SILENCIO: realizar preguntas abiertas que obliguen al cliente a expresarse.

2.1.5. Comunicación de la información sobre los productos

El cliente tiene que conocer el producto y todas sus características para llegar al convencimiento de que es ese y no otro el que va a satisfacer sus necesidades. Para ello buscará en todas las fuentes de información que tenga a su alcance, independientemente de que provengan de la empresa o no.

Por esto, es indispensable que desde la empresa se generen todo tipo de acciones de comunicación acerca de sus productos y de la propia empresa. También es importante que todas esas acciones sigan una línea homogénea, de manera tal que los mensajes que reciba el cliente no sean contradictorios.

Todo producto y, en similar medida, todo servicio, reúne una serie de aspectos de los que el cliente debe permanecer informado:

- Calidad: expectativas generadas en cuanto a rendimiento, uso, funcionamiento o requisitos legales. La calidad debe ser percibida por los clientes.
- Características diferenciadoras: aquellos atributos que hacen diferente al producto del resto de la competencia.
- Diseño: funcional, artístico, ergonómico o de la clase que la empresa decida para que el diseño sea una más de las características diferenciadoras del producto.
- Envase: el medio en el que se presenta el propio producto. A través del envase también se comunican las características del producto.
- Marca: es el nombre por el que se conoce e identifica al producto. Las acciones de comunicación deben perseguir que la marca se asocie a eficacia y calidad.
- Etiqueta: es el elemento del producto destinado específicamente a dar información. En las etiquetas aparece, además de la marca, la caducidad, el modo de empleo, composición y diversas características importantes para el producto y para cumplir con la legislación en cuanto a la información obligada en las etiquetas.

Bien sea de manera presencial, telefónica o escrita, el cliente debe considerar satisfechas sus necesidades de información acerca del producto. Es preciso tener en cuenta, de todos modos, que es en la comunicación presencial cuando el cliente recopila más información. La comunicación le llega a través, no solo del producto, sino del escaparate, las instalaciones y el personal, y asociará la información general del establecimiento con las características del producto.

Conscientes de ello son numerosas las empresas que facilitan a sus vendedores, o a sus dependientes, un manual de acciones que deben cumplir siempre en presencia de clientes.

DECÁLOGO DEL EMPLEADO

- Acompañamiento de la búsqueda del producto.
- Tratar a todos los clientes de usted.
- Entregar la cesta en mano a los clientes y especialmente a los que lleven varios artículos en la mano.
- Ser conscientes de los clientes que tenemos en nuestro departamento o zona en la que estamos trabajando.
- Saludar a los clientes con los que nos crucemos.
- Parar la reposición a determinadas horas: de 12:00 a 16:00 y de 18:00 a 21:00.
- Siempre que nos consulten un precio añadir información del 5 % de descuento a socios.
- Omitir frases como "yo no soy de este departamento", acompañar al cliente.
- Acogida al cliente; la mirada, el saludo, la sonrisa y "gracias".
- Omitir "este producto está agotado" y ofrecer otras alternativas.

Ejemplo de manual para vendedores.

2.2. La venta telefónica

Venta telefónica es aquella en la que todo el proceso de venta, incluido el pago, se realiza a través del teléfono.

Debido a la naturaleza no presencial de las comunicaciones telefónicas, solo unos determinados productos o servicios son susceptibles de ser adquiridos por esta vía. Son los que cumplen con los siguientes requisitos:

- No necesitar demostración visual y/o táctil.
- La empresa vendedora debe contar con la confianza del cliente.
- El importe de la operación debe ser poco significativo.

Como ejemplo de productos y servicios que pueden adquirirse a través de venta telefónica encontramos los servicios bancarios, productos de seguros, servicios hoteleros, venta de entradas a espectáculos o museos, billetes de tren o autobús, contratos de suministro, etc.

Es imprescindible que el cliente cuente con una tarjeta de crédito o débito aceptada por la empresa vendedora para realizar la operación.

En la venta telefónica, es el cliente el que decide realizar la adquisición de ese modo, es decir, que la empresa pone a disposición del cliente diversas modalidades de compra (en el establecimiento, por Internet, por teléfono) y el cliente elige la que resulte más cómoda o fiable o rápida según sus exigencias.

Una vez realizada la venta, la empresa debe disponer de un sistema para que el cliente recoja el producto y/o reciba la documentación pertinente.

El procedimiento habitual de venta telefónica suele seguir este proceso o uno muy similar, sobre todo en la venta de entradas y billetes.

a) El cliente identifica claramente el producto o el servicio que desea adquirir. La empresa vendedora debe asegurarse bien y sin dejar lugar a dudas de cuál es el producto que el cliente desea. Para ello se realizarán todas las preguntas que se consideren necesarias.

b) Una vez comprobado que hay existencias suficientes del producto para vender, se solicitará al cliente el número de tarjeta, su fecha de caducidad y el código de control de la tarjeta.

c) La plataforma de venta telefónica emite un localizador de caracteres alfanuméricos. Este localizador será comunicado verbalmente al cliente durante la compra.

d) En algunos casos, se podrá emitir un mensaje SMS a un teléfono móvil que facilite el cliente o una notificación dirigida a una dirección de correo electrónico, con los dígitos del localizador.

e) Posteriormente, el cliente deberá recoger el producto correspondiente al localizador.

2.3. La venta por catálogo

La venta por catálogo es, al igual que la venta telefónica, una de las modalidades de las ventas a distancia. Es decir, se trata de una modalidad no presencial que consiste en que el cliente recibe por correo ordinario un catálogo de los productos de la empresa vendedora, rellena el formulario de pedido y cumplimenta el apartado destinado a la elección de modalidad de pago. Posteriormente recibe los artículos, o la documentación de la venta, en la dirección postal que haya indicado.

Los productos y servicios susceptibles de ser contratados por catálogo son aquellos en los que la demostración táctil no es necesaria y la visual se realiza a través de fotografías o ilustraciones. Al igual que en la venta telefónica, la empresa vendedora debe ser de total confianza para el cliente y el importe de la venta no suele ser elevado.

La venta por catálogo se desarrolla en tres fases:

1- El consumidor recibe una oferta de un producto o servicio.

2- Sobre esta base, el consumidor efectúa el pedido.

3- Recibe el pedido.

Todas las propuestas de venta por catálogo, en general todas modalidades de venta a distancia, deben incluir la siguiente información:

a) Identidad y dirección del vendedor.

b) Características esenciales del producto.

c) Precio e impuestos.

d) Gastos de entrega y trasporte.

e) Forma de pago y modalidades de entrega.

f) Derecho de desistimiento.

g) Coste de utilización de la técnica de comunicación a distancia (si la tarifa es diferente a la básica).

h) Plazo de validez de la oferta y del precio.

i) Duración mínima del contrato (en el caso de contratos de suministro).

j) Circunstancias en que el vendedor puede suministrar un producto equivalente en condiciones y precio en sustitución del solicitado.

k) Indicación de si el vendedor está adherido a un sistema extrajudicial de solución de conflictos.

Esta información se ha de dar de manera clara, comprensible e inequívoca respetando los principios de buena fe y de protección de los consumidores.

En este tipo de ventas es imprescindible el consentimiento expreso del comprador, por lo que la falta de respuesta no se puede considerar como una aceptación. Por otra parte, si el vendedor envía el producto sin aceptación expresa, se aplicará el hecho de que el receptor no está obligado a la devolución del producto, ni a su pago.

Las formas de pago habituales en la venta por catálogo son:

- Contra reembolso.
- Mediante tarjeta bancaria aceptada por la empresa vendedora.
- Mediante domiciliación bancaria en el número de cuenta que el cliente indique.

La figura del "derecho de desistimiento" es fundamental en las ventas por catálogo. Este derecho consiste en que el comprador dispone de 14 días naturales para revocar el contrato sin penalización ni necesidad de indicar los motivos.

Una vez efectuado el derecho de desistimiento, el vendedor ha de devolver las sumas abonadas en un periodo máximo de 30 días, si no, el comprador podrá reclamarlas duplicadas. También podrá solicitar daños y perjuicios.

2.4. Televenta

La televenta es otra de las modalidades de venta a distancia, en este caso, difundidas a través de la televisión.

La definición legal de televenta es: "radiodifusión televisiva de ofertas directas al público para la adquisición o el arrendamiento de todo tipo de bienes y derechos o la contratación de servicios a cambio de una remuneración".

En este caso, la oferta de los productos o de los servicios se realiza a través de la televisión, generalmente mediante imágenes demostrativas de las cualidades y forma de uso de los productos.

Este tipo de venta debe completarse mediante la llamada a un número de teléfono encartado dentro del propio anuncio. A partir de ahí, las características de la venta se igualan a la de la venta telefónica.

La normativa legal de aplicación para este tipo de ventas es, además de la correspondiente a todas las ventas a distancia, la específica a comunicación comercial televisiva. En la actualidad esta normativa se concreta en la Ley 7/2010, de 31 de marzo, General de la Comunicación Audiovisual y en el Real Decreto 1624/2011, de 14 de noviembre, por el que se aprueba el Reglamento de desarrollo de la Ley General de la Comunicación Audiovisual, en lo relativo a la comunicación comercial televisiva.

Estas leyes limitan los productos que pueden ser vendidos a través de este sistema y también regulan la forma y tiempo de emisión dedicado a la televenta.

Las prohibiciones más significativas en cuanto a televenta son las de la venta de tabaco, medicamentos, tratamientos médicos, productos sanitarios y bebidas alcohólicas con una graduación superior a los 20º.

2.5. Internet y otras formas

La compra venta a través de Internet es el sistema de venta a distancia que más consumidores utilizan en la actualidad. La fácil accesibilidad de los medios electrónicos ha propiciado que una gran variedad de las transacciones comerciales se realice por esta vía.

La venta por Internet, al igual que los demás sistemas de venta a distancia, está regulada por la Ley 7/1996 de Ordenación del Comercio Minorista, y por la Ley General para la Defensa de los Consumidores y Usuarios (Real Decreto Legislativo 1/2007). Además, debe cumplir en la parte correspondiente a las transacciones comerciales, con la Ley de Servicios de la Sociedad de la Información y del Comercio Electrónico.

Fig. 2.5. *Venta por Internet.*

A través de Internet se pueden celebrar todo tipo de contratos de compraventa, excepto los que tengan algún requisito formal para que el contrato sea válido, como por ejemplo intervención de notarios o compraventa de bienes inmuebles. Por tanto, la limitación de productos o servicios que pueden ser objeto de compraventa a través de Internet es prácticamente nula.

El proceso de compra es similar al descrito para la venta por catálogo. En este caso, las ofertas de las empresas vendedoras suelen estar alojadas en sus páginas web y todo el procedimiento se realiza por vía electrónica. El pago se realiza en el acto, mediante la utilización de tarjetas bancarias. Los sistemas de encriptación y protocolos SSL mencionados en apartados anteriores, garantizan la seguridad del procedimiento tanto en lo referente a los datos personales de los compradores como en la seguridad de la transacción.

La ley impone las siguientes obligaciones específicas para las empresas que realicen ventas a través de Internet:

- Mostrar sus datos de identificación a los que visiten su sitio en Internet.
- Informar a los clientes del precio de sus productos y servicios.
- Informar acerca de la posibilidad de visualizar, imprimir y archivar las condiciones generales del contrato de compraventa.
- Guiar a los compradores durante el proceso y posibilitar la rectificación y confirmación del contrato.

Por otro lado, la ley considera que cuando se establezca la obligación de informar por escrito acerca de los términos de la venta, esta obligación queda cumplida si la información se contiene en un soporte electrónico.

Otras formas de venta a distancia recogidas en la ley son los contratos por correo con ofertas hechas mediante publicidad postal o anuncios en prensa y los contratos por radio. En el primer caso, las características de estas ventas son muy similares a las explicadas para la venta por catálogo.

La venta por radio, de escasa utilización en España, se asemeja al de la televenta en cuanto a las prohibiciones y la regulación de la forma y el tiempo de emisión de las ofertas. También, y como en el caso de la televenta, es preciso informar del número de teléfono a través del cual se finalizará el proceso.

EJERCICIOS

1- Describe brevemente las principales limitaciones de la comunicación telefónica.

2- ¿Es correcto decir que "hemos recibido publicidad en el buzón?" ¿Por qué?

3- Señala cuál de las siguientes expresiones es correcta en el desarrollo de una llamada telefónica.

a) Hola, buenos días, ¿en qué puedo ayudarle?

b) Sí, por supuesto. ¿Qué horario es el más adecuado?

c) No lo sé muy bien. Me informaré.

d) ¿Cómo se llama?

4- Indica cuál de los siguientes conceptos no es un elemento de la técnica vocal.

a) La entonación.

b) El lenguaje.

c) El volumen.

d) El ritmo.

5- ¿Cuáles son las formas de pago habituales en la venta por catálogo?

6- ¿Qué diferencia existe entre las objeciones sinceras y las objeciones pretexto?

7- ¿Qué similitudes existen entre la venta por Internet y la venta por catálogo?

8- ¿Qué requisitos de comunicación escrita tienen que cumplir los correos electrónicos?

9- Cambia las expresiones incorrectas de la siguiente tabla por otras adecuadas.

- Andaron buscándolo hasta que se hizo de noche.
- Prepararemos el report después de la reunión de brainstorming.
- Una de las cosas que más me gusta de su empresa es la rapidez en la entrega de las cosas.
- En el día de hoy haremos tres contratos.
- Esperando su respuesta con la mayor brevedad.

10- Sustituye los siguientes extranjerismos por términos análogos admitidos en nuestro idioma:

- Reset
- Mailing
- Manager
- Spot
- Overbooking
- E-mail

3. Adaptación de la comunicación comercial al Telemarketing

Introducción

Telemarketing y venta telefónica son dos conceptos que se suelen utilizar como sinónimos con frecuencia. Sin embargo, la venta telefónica y el telemarketing, aunque tienen en común el uso del teléfono como herramienta básica para sus acciones, no son lo mismo.

La venta telefónica es una modalidad de venta a distancia que se realiza a través del teléfono, en cambio el telemarketing consiste en realizar acciones de marketing mediante el teléfono. Confundir venta telefónica con telemarketing sería lo mismo que afirmar que venta y marketing son una misma cosa.

El teléfono es el instrumento en el que sustentan las estrategias de marketing y, como medio interactivo, permite obtener del interlocutor una retroalimentación inmediata que posibilita evaluar el alcance del mensaje y detectar los motivos por los que se obtienen o no los resultados esperados.

La característica esencial del telemarketing es la interactividad.

Contenido

3.1. Aspectos básicos del telemarketing

El telemarketing se refiere al uso del teléfono en la estrategia de marketing y en la comunicación con el cliente. Es necesario, por tanto, adquirir unos conocimientos básicos sobre marketing antes de estudiar cómo se aplican sus estrategias a través del teléfono.

3.1.1. Marketing

La finalidad de cualquier empresa es la obtención de beneficios económicos. Estos beneficios proceden de los ingresos obtenidos a través de las ventas a sus clientes. Por tanto, para conseguir beneficios, todos los recursos de la empresa han de estar destinados a la creación de unos productos o unos servicios que serán adquiridos por los clientes.

Las actividades de marketing están dirigidas a conseguir y mantener clientes a los que satisfacer sus necesidades y deseos.

El marketing es, por tanto, la suma de actividades realizadas por la empresa con el fin de satisfacer a los clientes para obtener un beneficio. Esto significa que todas las empresas, sea cual sea su tamaño, sector o la propiedad de su capital, precisan realizar actividades de marketing.

Las principales actividades de marketing son las siguientes:

Averiguar qué es lo que el cliente necesita y espera.
Diseñar el producto o servicio adecuado a las expectativas de los clientes.
Valorar la capacidad económica del cliente.
Investigar las estrategias de la competencia.
Fijar el precio para sus productos, de manera que reflejen el valor que el cliente les asigna y el beneficio que se espera obtener.
Establecer el canal de distribución más propicio para la conveniencia del cliente.
Realizar acciones de comunicación a través de todos los canales posibles.
Vender los productos o servicios.
Analizar el grado de satisfacción de los clientes.

Para llevar a cabo estas actividades, el marketing se sirve de cuatro elementos que componen el denominado marketing-mix:

Fig. 3.1. *Marketing mix.*

A) PRODUCTO

Producto es cualquier clase de bien, servicio o idea que la empresa comercializa para satisfacer las necesidades de los clientes.

La creación de un producto, por tanto, vendrá determinada por el conocimiento previo de las necesidades y de los deseos de los clientes.

Con respecto al producto, una de las principales estrategias de marketing es la de diferenciación. Consiste en otorgar al producto unas características distintivas o unos atributos específicos que le hagan diferente tanto de otros productos de la misma compañía como de los productos de la competencia.

B) PRECIO

El precio es la cantidad que los clientes pagan a cambio de obtener los productos y servicios de las empresas.

Al fijar el precio, las empresas han de contar con tres factores relevantes:

Los clientes	• Capacidad adquisitiva del segmento en el que se encuentre el cliente. • Valor otorgado al producto.
La competencia	El precio del producto debe estar en consonancia con los de la competencia. Un precio mucho más alto (a no ser que se utilice como característica diferenciadora) puede alejar a los clientes, y un precio mucho más bajo, plantearía dudas acerca de la calidad del producto.
Costes y beneficios	Con las cantidades ingresadas por la venta de los productos, no solo se han de cubrir los costes de fabricación, sino que se debe establecer un margen de beneficio para la empresa.

C) COMUNICACIÓN

Las estrategias de comunicación en marketing están dirigidas a dar a conocer los productos y los servicios a los consumidores y a mantener relaciones comerciales con estos.

Los instrumentos o las técnicas de comunicación como elemento de marketing son las siguientes:

- PUBLICIDAD
- PROMOCIÓN
- RELACIONES PÚBLICAS
- MARKETING DIRECTO
- VENTA PERSONAL

Ejemplo:

En muchas ocasiones se confunden los conceptos de marketing y publicidad, ¿es esto correcto?

Solución:

No es correcto porque, aunque la publicidad es una herramienta de mucha importancia en el marketing, es solo una de las técnicas de uno de los elementos del marketing mix. El marketing es mucho más que publicidad. La publicidad es un instrumento de la comunicación, y la comunicación es solo uno de los elementos del marketing en general.

D) DISTRIBUCIÓN

Este elemento del marketing-mix es el que relaciona la producción con el consumo. Las actividades de distribución son las que consiguen poner el producto a disposición de los consumidores en la cantidad demandada, en el lugar donde quiera adquirirlo y en el momento en que lo solicite.

El canal de distribución está integrado por todas las empresas o personas que intervienen en el proceso desde que el producto se fabrica, o el servicio se crea, hasta que estos productos o servicios están en poder del cliente.

3.1.2. Telemarketing

El telemarketing consiste en realizar actividades de marketing a través de la comunicación telefónica. El telemarketing es, como hemos estudiado en apartados anteriores, una técnica de marketing directo. Trata, fundamentalmente, de mejorar el marketing-mix para optimizar el contacto de la empresa con sus clientes actuales y potenciales.

El telemarketing integra distintas TIC en la estrategia comercial de la empresa. El teléfono es el instrumento fundamental, aunque son necesarias otras tecnologías para realizar el trabajo con eficiencia.

Si atendemos a la etimología de la palabra, telemarketing se divide en dos partes:

TELE	Prefijo que significa "a distancia" o "lejos", por tanto el telemarketing es la aplicación de las técnicas de marketing a distancia.
MARKETING	Es el conjunto de acciones encaminadas a la satisfacción del cliente, mediante las que pretende diseñar el productos, fijar los precios, elegir los canales de distribución y las técnicas de comunicación más adecuadas.

Los objetivos principales del telemarketing son:

- Generar beneficios (incremento de las ventas).
- Dar a conocer la empresa en general o productos y servicios en particular.
- Ampliar mercado en otros segmentos.
- Fidelizar clientes actuales.
- Restar clientes a la competencia.

La técnica utilizada en el telemarketing se basa en el contacto del vendedor con los clientes a través del teléfono. Esta es una de las diferencias básicas con la venta telefónica. En esta, es el cliente el que se pone en contacto con la empresa al tener ya decidida su compra de antemano. En el caso del telemarketing es la empresa quien contacta con los clientes y busca conseguir una venta. Si esa venta se termina realizando a través del teléfono, lógicamente seguirá el mismo procedimiento de una venta telefónica.

A veces, se utiliza la técnica del telemarketing para el estudio e investigación de mercados con el fin de determinar el segmento o analizar la aceptación o el posible rechazo de un determinado producto. Esta utilidad del telemarketing genera bastante controversia y cada vez es menos utilizada debido al rechazo que produce en los clientes no interesados. La marca o la imagen de la empresa quedarían dañadas por mucho tiempo.

Las principales ventajas y desventajas del telemarketing son las que mostramos en la siguiente tabla:

VENTAJAS	DESVENTAJAS
Adaptabilidad, ya que permite conocer la respuesta del cliente al instante, y así ofrecer los productos más adecuados y conocer con más profundidad las necesidades reales.	Distancia espacial entre el vendedor y el cliente, que impide analizar el lenguaje no verbal.
Inmediatez; las distintas acciones se pueden llevar a cabo según las peticiones realizadas por el cliente.	Escasa vinculación al no tratarse de una comunicación presencial.
Obtención de resultados que pueden ser medidos y analizados; como en las demás técnicas de marketing directo, es posible comparar el número de acciones (llamadas en este caso) con el número de productos vendidos.	Selección previa de un público determinado, por lo que impide estudiar muestras amplias de mercado.

Ejemplo:

¿Es lo mismo telemarketing que televenta? ¿Por qué?

Solución:

No, no lo es. El telemarketing se corresponde con la utilización de técnicas de marketing a través del teléfono. La televenta en cambio, es una técnica de venta a distancia que utiliza el televisor como canal de interacción entre el vendedor y el comprador.

3.1.3. Teleoperador

Las estrategias de telemarketing cuentan con tres elementos fundamentales para conseguir sus objetivos. El teleoperador es el elemento humano del telemarketing.

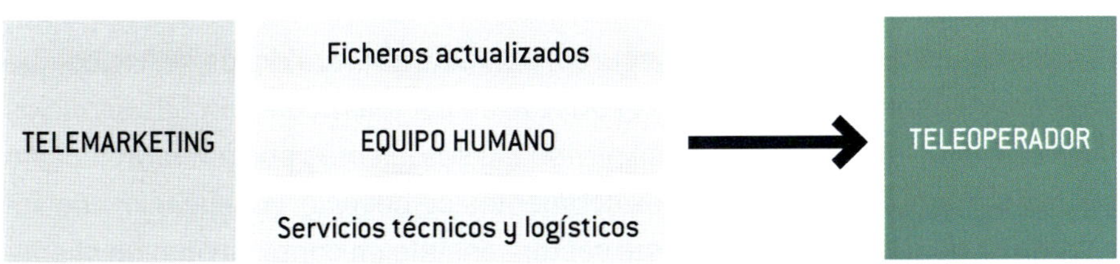

El teleoperador es la persona sobre la que recae la responsabilidad de realizar las llamadas e interactuar con los clientes: es la imagen de la empresa. Por ello debe reunir una serie de capacidades físicas y actitudes profesionales dirigidas no solo a la idoneidad para el puesto, sino encaminadas a transmitir una determinada imagen corporativa.

Cada llamada es una oportunidad de fortalecer o devaluar la imagen de la empresa y su relación con los clientes. Por tanto, los teleoperadores deben contar con una serie de cualidades básicas para desempeñar su puesto.

Las cualidades básicas de un teleoperador son las siguientes:

Fig. 3.2. *Teleoperadora.*

- Dicción, tono y ritmo de la voz. La voz es la herramienta fundamental del teleoperador.
- Capacidad de escucha.
- Riqueza de léxico y corrección en el lenguaje.
- Capacidad de persuasión.
- Confianza y seguridad.
- Resistencia ante el estrés.
- Flexibilidad.
- Vocación de servicio.

3.1.4. Sectores empresariales del mercado

El principal consumidor de los servicios de telemarketing es el sector de las telecomunicaciones, seguido del sector financiero y del sector público. Las técnicas de telemarketing también son aplicables al sector energético y de suministros, por lo que en la actualidad se está incorporando también este sector.

En el sector de las telecomunicaciones, empresas de telefonía en su mayor parte, el telemarketing es la principal herramienta para llevar a cabo las estrategias de marketing. Captación de clientes, recomendaciones de tarifas y campañas de fidelización, son las principales acciones llevadas a cabo en este sector.

Las empresas financieras y de seguros, por la naturaleza de los servicios que ofrecen, resultan muy proclives a la utilización del telemarketing. Sus servicios no precisan de demostración táctil ni visual y sus clientes pueden formar parte de manera simultánea de distintos segmentos de negocio. Por ejemplo, una acción típica de telemarketing en este sector consiste en contactar con un cliente actual de un determinado seguro y ofrecerle otra clase de seguros que también comercialice la empresa.

Compañías eléctricas, de suministro de agua o de gas también emplean técnicas de telemarketing, fundamentalmente con el objetivo de restar clientes a la competencia.

3.1.5. Otros

En el telemarketing es preciso tener en cuenta dos figuras importantes:

A) Los *call center.*

B) Las listas Robinson.

A) CALL CENTER

Las actividades de telemarketing pueden realizarse por la propia empresa o mediante la contratación de esos servicios a empresas externas especializadas.

Las ventajas de utilizar un servicio de telemarketing externo consisten en:

- Especialización de los teleoperadores.
- Mayor objetividad en los resultados.
- Utilización de recursos ajenos.
- Inversiones solo para campañas específicas.

Los *call center*, o centros de atención de llamadas, son empresas que disponen de una serie de personas que se dedican a atender o a realizar llamadas. La finalidad de estas llamadas puede ser para atender a distintas funciones de la empresa contratante como, por ejemplo, departamentos de atención a clientes, atención a reclamaciones, asistencia técnica, venta telefónica, encuestas y, por supuesto, telemarketing.

Si una empresa determinada decide externalizar sus acciones de telemarketing puede contratar estos servicios en las diversas empresas de *call center* existentes en el mercado. Por lo general, en el caso de recurrir a estas empresas, no solo se contratan los servicios de telemarketing, sino todas las actividades relacionadas con la comunicación telefónica.

Fig. 3.3. *Call center.*

La mayor parte de los centros de atención de llamadas incorporan también a sus servicios todas las TIC disponibles para la relación con clientes: envío de SMS, correos electrónicos o atención de la web. En este caso, la denominación es "contact center".

En cualquier caso, ha de quedar claro que el telemarketing externo consiste en realizar a través de empresas especializadas las acciones de telemarketing, aunque se pueden incluir otras acciones al contratar con estas empresas.

B) LAS LISTAS ROBINSON

El servicio de Lista Robinson es un servicio de exclusión publicitaria gestionado por la Asociación Española de Economía Digital. Este servicio existe desde que está en vigor la actual normativa sobre protección de datos.

Las Listas Robinson afectan al funcionamiento del telemarketing, ya que está enmarcado en el ámbito de la información comercial dirigida a nombre de una persona y a una dirección de correo postal, a una dirección de correo electrónico o a un número de teléfono concreto.

Cualquier persona física puede inscribirse en el Servicio de Lista Robinson de forma gratuita. Para ello, ha de indicar por qué medio no desea recibir información comercial de empresas con las que no mantenga ni haya mantenido algún tipo de relación.

Las empresas están obligadas a consultar la Lista Robinson con el fin de no realizar comunicaciones comerciales a las personas inscritas en el servicio.

Este servicio está solamente previsto para las personas con las que la empresa no mantenga ni haya mantenido relaciones comerciales, por lo que, en cuanto a telemarketing, no afecta a las acciones de fidelización.

3.2. La operativa general del teleoperador

El contenido de las acciones del teleoperador es, como sabemos, realizar llamadas con el objetivo de llevar a cabo acciones de telemarketing. Para ello cuenta con los otros dos elementos del telemarketing que consisten en unos ficheros actualizados y unos servicios técnicos y logísticos.

El modo de trabajar con estos elementos dependerá de los recursos con los que cuente la empresa. El operador puede realizar su labor:

Manualmente: recoge la información obtenida según las respuestas a un guion previo por sus propios medios. Los ficheros consisten en listines telefónicos.

Tanto los ficheros como el guion están en soporte papel. Este sistema está en desuso.

Telemáticamente: utiliza el ordenador, tanto para seguir el guion previo como para realizar las anotaciones. Los ficheros son bases de datos informatizadas.

Sistema mixto: opera manualmente y con posterioridad traslada los datos al ordenador. Este sistema se utiliza cada vez con menos frecuencia.

3.2.1. Conectar con el cliente

Los primeros segundos de una llamada son primordiales para conectar con el cliente. En la fase de toma de contacto el objetivo principal es captar la atención del cliente. Esto se consigue mediante la utilización de un saludo adecuado que debe incluir, a tenor de la normativa vigente, la identificación de la empresa, del nombre del teleoperador y la indicación clara de que se trata de una acción comercial.

SALUDOS Y FRANJAS HORARIAS

Hasta las 14:00 **"Buenos días"**

De 14:00 a 20:00 **"Buenas tardes"**

A partir de las 20:00 **"Buenas noches"**

Ejemplos:

- *Buenas tardes, mi nombre es Clara Lancho. Llamo desde Novaphone para informarle de nuestro nuevo servicio XX...*
- *Buenos días, llamo desde Comercial Movilla; mi nombre es Javier Suárez. Quisiera ofrecerle nuestras nuevas tarifas respecto al servicio que tiene contratado con nosotros...*

Antes de realizar la llamada, conviene fijar un plan de actuación. Cada empresa cuenta con un plan estandarizado de realización de llamadas, no obstante, los siguientes elementos aparecen en todas:

- Datos personales del destinatario.
- Guion de preguntas que hay que realizar para obtener la información deseada.
- Posibles objeciones y modo de afrontarlas.
- Preguntas abiertas durante la conversación y cerradas al llegar la conclusión.

Es conveniente hacer saber al interlocutor que conocemos la importancia que concede a su tiempo, por lo que inmediatamente después de saludar, hemos de preguntar si dispone de unos minutos. En caso de que conteste que no, hay que ofrecer alternativas como llamar en otro momento, enviar la información por correo o cualquier otra opción que ofrezca el interlocutor.

Para conseguir una mejor conexión con el interlocutor, es recomendable utilizar su nombre a lo largo de la conversación. Esta acción siempre es tomada con agrado. Es muy importante no confundir el nombre de la persona con la que se está hablando y pronunciarlo correctamente; en caso contrario el interlocutor estará predispuesto al rechazo.

> **Ejemplo**:
>
> Alberto Rueda trabaja en Realartex y realiza una llamada a las 13:40 para informar de los nuevos productos de la empresa. ¿Qué saludo es el adecuado en este caso?
>
> **Solución**:
>
> "Buenos días, mi nombre es Alberto Rueda y llamo desde Realartex para informarle de los productos que estarán a su disposición..."

3.2.2. Motivación del teleoperador hacia la comunicación

La experiencia diaria de la labor de telemarketing se convierte, para muchos teleoperadores, en un trabajo repetitivo, intensivo y por lo general, estresante.

En su tarea diaria, el teleoperador interactúa simultáneamente con el interlocutor, el sistema telefónico de distribución de llamadas y el ordenador. Además, es objeto de un control exhaustivo sobre la duración de las llamadas, el tiempo entre ellas, el tiempo de conexión o desconexión del sistema y, en numerosas ocasiones sobre el contenido de las llamadas.

Por otro lado, las circunstancias ambientales del puesto de trabajo, también pueden resultar una fuente de insatisfacción para los teleoperadores.

La presión psicológica procedente de las estrictas pautas de trabajo, el control ejercido por sus superiores, el previsible rechazo de los clientes o la tensión de las negociaciones unida a la insatisfacción generada por los aspectos ambientales, pueden llegar a conseguir un estado de desmotivación en los teleoperadores.

Para propiciar el éxito en la relación con los clientes a través de las acciones de telemarketing es fundamental que los teleoperadores se encuentren motivados y predispuestos hacia la comunicación.

Una vez conocidas las causas de insatisfacción más comunes que se dan en este tipo de trabajadores, el modo de conseguir que los teleoperadores estén motivados es minimizar, eliminar o mejorar los aspectos que dificultan esa motivación.

Como hemos visto, estos aspectos son de dos tipos: psicológicos y ambientales. Con respecto a los factores psicológicos, es imprescindible que el trabajador posea o refuerce una serie de actitudes personales. En cuanto a los factores ambientales, es la empresa quien debe ocuparse de ellos y conocer de antemano cuáles son los que más insatisfacción generan.

FACTORES PSICOLÓGICOS	FACTORES AMBIENTALES
Actitudes positivas	**Mejoras**
Seguridad en uno mismo	Temperatura
Equilibrio emocional	Ventilación
Práctica de la empatía	Reflejos de la pantalla del ordenador
Entusiasmo	Calidad del aire
Concentración	Ruido ambiente
Constancia	Falta de espacio
Paciencia	Sillas y mesas ergonómicas

3.2.3. Afianzar actitudes positivas del teleoperador

Mantener actitudes positivas por parte del teleoperador, como hemos estudiado, favorece la motivación y, en consecuencia, la predisposición positiva por parte del interlocutor. Un teleoperador desmotivado difícilmente podrá conseguir un cierre de venta exitoso.

Alguna de estas actitudes depende de la personalidad del teleoperador, por lo que la manera de asegurarlas es comprobar en el proceso de selección que el candidato a teleoperador las posee. Una de las tácticas empleadas para realizar esta comprobación es que buena parte del proceso de selección se realice por teléfono. De este modo, antes de proceder a la contratación, la empresa comprobará si el trabajador posee y aplica esas actitudes frente al teléfono.

Las actitudes personales son la seguridad y confianza en uno mismo, el entusiasmo y el equilibrio emocional. Si el teleoperador no las posee de antemano, difícilmente podrá adquirirlas en los cursos de formación.

En cambio, otro tipo de actitudes como la práctica de la empatía, la constancia, la paciencia o la concentración, sí que se pueden adquirir mediante la práctica y el entrenamiento.

La práctica de las actitudes positivas se pone especialmente de manifiesto en el tratamiento diferenciado a los interlocutores según sus características de personalidad. Esta habilidad es muy valorada como muestra de profesionalidad del teleoperador.

Como pauta general, las siguientes son las actitudes que se deben mostrar según los diferentes tipos de personalidad del interlocutor:

PERSONALIDAD DEL INTERLOCUTOR	ACTITUD DEL TELEOPERADOR
Comunicativo, agradable	Amabilidad
Confuso	Paciencia, tranquilidad
Enojado	Escucha activa
Directo, natural	Eficiencia, amabilidad
Inseguro	Seguridad, confianza
Escéptico	Seguridad, profesionalidad

3.3. Técnicas de venta

El objetivo final del telemarketing es conseguir beneficios mediante el incremento de los ingresos procedentes de las ventas.

En general, existen tres posibles vías para aumentar los beneficios:

- Aumentar los beneficios sin aumentar el número de clientes. Esto pasa, necesariamente, por una subida de los precios.
- Aumentar la cantidad de clientes o la cantidad de ventas a cada cliente.
- Incentivar la lealtad del cliente, es decir, mantener los clientes actuales.

Aunque las tres vías son estrategias de marketing, solamente en las dos últimas se pueden aplicar técnicas de venta a través del telemarketing. Tanto conseguir nuevos clientes, como mantener las ventas de los clientes con los que ya cuenta la empresa, son acciones que requieren la búsqueda de recursos destinados a aumentar las ventas.

Las técnicas de venta, por tanto, son acciones que fomentan que se produzcan ventas. En telemarketing, estas acciones están condicionadas por las características de la comunicación telefónica y, por tanto, la ausencia de las facilidades que otorga la relación presencial como pueden ser la demostración in situ del producto, la eficacia del lenguaje no verbal para contactar con el cliente, o la acogida prestada en el establecimiento.

3.3.1. Principales técnicas de venta comercial

Podemos situar las acciones que favorecen las ventas y que, por tanto, predisponen al interlocutor hacia la respuesta positiva, en las tres fases distintas en que podemos dividir la realización de las llamadas.

1) INICIO DE LA LLAMADA

- Conceder el tiempo necesario para que el interlocutor descuelgue el teléfono. Colgar antes del quinto o sexto tono de llamada indica impaciencia.
- Preparar un mensaje por si, en lugar de descolgar el teléfono, salta el contestador automático. En ese caso, el mensaje debe contener la siguiente información:
    - Identificación de la empresa y de la persona que llama.
    - Explicación del motivo de la llamada.
    - Indicación de a qué persona va dirigido el mensaje.
    - Especificación del momento en que se volverá a llamar.
- Al contestar la llamada, dar los datos de identificación de la empresa vendedora y del teleoperador, explicar el motivo de la llamada y preguntar si pueden conceder unos minutos. Si la respuesta es negativa, preguntar en qué otro momento se puede llamar.
- Dirigirse al interlocutor por su nombre con el fin de fomentar la cordialidad.

2) DURANTE LA LLAMADA

Esta es la fase central de las llamadas. El objetivo es identificar las necesidades y las motivaciones del cliente. Para ello, la técnica más eficaz es la de utilizar preguntas.

Gracias a las preguntas, se consigue una mayor y más precisa información acerca del cliente. El interlocutor revela sus motivaciones y necesidades. Por otro lado, las preguntas sirven para influir en las decisiones de los clientes y para dirigir la entrevista.

La respuesta del interlocutor está determinada por la clase de preguntas que se realicen. Los tipos de preguntas más relevantes son: abiertas, cerradas, alternativas, generalizadas, boomerang y espejo.

- **Preguntas abiertas**

  Son las que comienzan con un adverbio o un pronombre interrogativo: "quién", "qué", "dónde", "cómo", "cuándo", "cuál", "cuánto", o "por qué". Este tipo de preguntas son las que ayudan a obtener más cantidad de información y a que el interlocutor hable más. Las preguntas abiertas incitan al cliente a expresar sus necesidades con profundidad.

  Ejemplo: ¿Qué le parece nuestra propuesta frente a las de otras empresas? ¿Dónde encontró esta información?

  Es preferible preguntar "cómo" y "qué" que "por qué". En la mayoría de las ocasiones el "por qué" se percibe como una acusación y pone al interlocutor a la defensiva. Con el "por qué", más que información, lo que se obtiene son justificaciones.

- **Preguntas cerradas**

  Las preguntas cerradas suelen comenzar con un verbo y sus respuestas se limitan a una sola palabra, o a un "sí" o un "no". Conducen a respuestas concretas. Con estas preguntas se obtiene escasa información, por lo que no son recomendables al inicio de la entrevista. En cambio, son muy eficaces para alcanzar un acuerdo y comprobar una opinión.

  Ejemplo: ¿Tiene previsto viajar en el próximo mes? ¿Ha leído nuestro último boletín?

- **Preguntas alternativas**

  Permiten al interlocutor elegir entre varias respuestas posibles y ayudan a tomar decisiones. Con la utilización de este tipo de preguntas se evita una respuesta negativa. Las preguntas alternativas son convenientes para orientar la opinión. Se suelen utilizar en el cierre de la venta.

  Ejemplo: ¿Se lo enviamos a su domicilio o lo recogerá usted mismo?

- **Preguntas generalizadas**

  Son las que posibilitan responder de manera fácil al interlocutor, ya que no abordan directamente el asunto de nuestro interés, y el interlocutor se muestra más cómodo al responderlas en representación de su área o de su grupo. Sin embargo, lo que se busca con estas preguntas es obtener las ideas del interlocutor. Estas preguntas son especialmente útiles al comienzo de la entrevista.

Ejemplo: Al propietario de un restaurante: ¿Qué repercusiones tiene el aumento del IVA en el sector de la hostelería? (No preguntamos directamente por su restaurante, lo que podría resultar incómodo para el interlocutor, pero con su respuesta obtendremos información).

- **Preguntas boomerang**

  Este tipo de preguntas son las que repiten en forma interrogativa parte del mensaje del propio cliente. Son útiles para descubrir los motivos de una objeción, averiguar necesidades y devolver cuestiones difíciles de resolver.

  Ejemplo: Cliente.- La velocidad de conexión es muy lenta.

  Teleoperador.- ¿Lenta?

- **Preguntas espejo**

  En estas preguntas se repite la idea expresada por el cliente pero, a diferencia de las preguntas boomerang, se hace con distintas palabras. Estas preguntas tienen la finalidad de obtener mayor información y desvelar las razones ocultas que impiden avanzar en la venta. Tanto las preguntas espejo como las preguntas boomerang son muy efectivas para la resolución de objeciones.

  Ejemplo: Clienta.- No puedo atenderle. Estoy muy ocupada y no tengo tiempo.

  Teleoperador.- ¿En qué momento dispondrá de tiempo para llamarla y explicarle nuestro nuevo sistema de tarificación?

Para que las preguntas se conviertan en una eficaz técnica de ventas es necesario seguir las siguientes recomendaciones:

- Realizar las preguntas adecuadas en el momento oportuno.
- Utilizar al principio de la entrevista las preguntas generalizadas y abiertas.
- Con la información obtenida, emplearemos preguntas cerradas para concretar el mensaje y buscar el cierre de la venta.
- Nunca preguntaremos dos cuestiones al mismo tiempo.
- Realizar las preguntas de manera tal que no parezca un interrogatorio.

Ejemplo:

La pregunta "¿Cuáles son las características que más aprecia en nuestros productos?" ¿De qué clase es? ¿Para qué se utilizan esta clase de preguntas?

Solución:

Es una pregunta abierta, ya que empieza por "cuál" y el interlocutor se ve obligado a explicarse con sus palabras. Las preguntas abiertas se utilizan para obtener información.

3) CONCLUSIÓN Y DESPEDIDA

En esta fase se cierra el proceso. Se deben realizar preguntas cerradas para sintetizar la información y emplear frases cortas y concretas.

En la despedida es preciso mantener un tono agradable y cordial, aunque no se haya cerrado la venta con éxito. Es importante mantener la imagen positiva de la empresa.

Al finalizar la llamada, al igual que al inicio, utilizaremos el nombre del interlocutor y expresaremos nuestro agradecimiento por el tiempo que nos han concedido.

3.3.2. Los guiones: planificar su existencia

Es fundamental elaborar un guion explicativo del proceso de la llamada. El guion es especialmente útil en las primeras llamadas. Por otro lado, la existencia de un guion otorga seguridad al teleoperador, ya que elimina la posibilidad de "quedarse en blanco" en cualquier momento de la llamada.

El guion debe contener los siguientes elementos:

Presentación.
Descripción breve del producto.
Frases clave que llamen la atención del cliente.
Respuestas preparadas ante preguntas habituales de los clientes.
Preguntas-tipo para cada una de las fases de la llamada.
Frases de cierre.

3.3.3. La entrevista: necesidades de los clientes y el correcto uso de los productos

La entrevista es la fase central de la llamada. Es el momento en el que se busca la información acerca de las necesidades y de las motivaciones de los clientes.

En esta fase es imprescindible realizar preguntas abiertas y generalizadas, ya que son las que proporcionan más información.

Si el cliente da muestras de cansancio, es preferible acortar el tiempo o, incluso, proponer dejar la llamada para otro momento. Por el contrario, si el cliente se muestra participativo y realiza preguntas acerca del producto, hay que ofrecerle una información detallada acerca de los atributos del producto, su modo de utilización o las condiciones de pago y plazos de entrega.

Es importante prestar atención al lenguaje no verbal, es decir, a los silencios, las interjecciones o las pausas. Al igual que el lenguaje corporal en las comunicaciones presenciales, estos elementos del lenguaje no verbal en las comunicaciones telefónicas sirven para interpretar con exactitud el contenido del mensaje del interlocutor.

3.3.4. Elementos para el éxito de las distintas técnicas de venta

Una buena acción de telemarketing se caracteriza por ser aceptable, es decir, ofrecer a los clientes lo que realmente necesitan, y persuasiva, es decir, capaz de convencer al interlocutor.

Los elementos fundamentales para que una buena acción de telemarketing culmine con éxito son los siguientes:

- La voz del teleoperador.
- El estilo personal y la imagen profesional que proyecta.
- Saber escuchar.
- Evitar las distracciones del entorno.
- Estar motivado.
- Controlar las emociones.

Los expertos en telemarketing ofrecen una serie de recomendaciones conducentes a lograr una venta exitosa. Son las siguientes:

Captar la atención del interlocutor en los primeros quince segundos.
Transmitir entusiasmo.
Imitar al interlocutor, utilizando su mismo lenguaje, vocabulario, ritmo o volumen.
Utilizar el nombre del interlocutor a lo largo de la llamada al menos tres veces.
No aceptar un "no" como respuesta. Emplear las preguntas adecuadas en ese caso.
Entregar valor ofreciendo algo útil como un periodo de prueba sin compromiso o un regalo. Esto hace al cliente sentirse en deuda con la empresa.
Ofrecer soluciones en cada objeción.

3.4. Cierre de la venta

El cierre de la venta es la finalización de la llamada con éxito. El cliente acepta la oferta y, por tanto, se consigue una venta con los consiguientes ingresos que reporta.

Para finalizar una llamada con éxito, el teleoperador debe contar con la habilidad suficiente como para resolver las objeciones que presente el interlocutor y minimizar la actitud de rechazo en caso de existir. Superados estos obstáculos el camino para el cierre está despejado.

3.4.1. Objeciones de los clientes: principales causas y actitudes

Las objeciones son las dificultades o los obstáculos que interpone el cliente para rechazar la negociación y evitar la venta.

Las objeciones aparecen en tres momentos de la llamada:

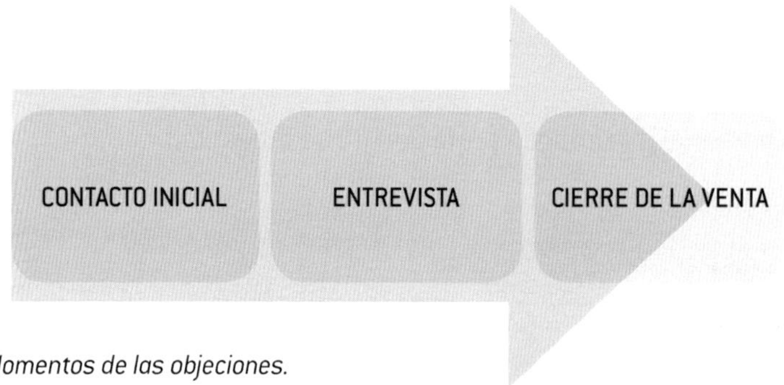

Fig. 3.4. *Momentos de las objeciones.*

- Durante el contacto inicial: el cliente pretende que la entrevista no tenga lugar. En este caso suele tratarse de objeciones pretexto.
- En la entrevista: el cliente formula dudas acerca del producto. Suelen ser objeciones reales y demuestran el interés del cliente por la oferta.
- En el cierre de la venta: el cliente se muestra reacio a efectuar la compra. Las objeciones son en realidad pretextos para no adquirir el producto o artimañas para conseguir mejores condiciones de venta.

Es necesario reconocer las causas que motivan las objeciones con el fin de otorgar el tratamiento adecuado a cada una de ellas. Las principales causas son las siguientes:

- Para librarse del vendedor.
- Falta de necesidad.
- Incapacidad económica para afrontar la compra.

- Deseo de información adicional.
- Por hábito o costumbre.
- Para sentir que toma sus propias decisiones.

Sea cual sea la causa de la objeción, el vendedor debe tomarla como una oportunidad de venta. En ocasiones, incluso, es conveniente que el propio vendedor fomente la aparición de las objeciones, ya que el cliente no es capaz de expresarlas o no se atreve a hacerlo.

Existen una serie de actitudes recomendadas en el tratamiento de las objeciones, ya sean sinceras o sean pretextos:

- Explicar en todo momento las condiciones de la venta de forma clara y precisa.
- Hacer mención de experiencias favorables de otros clientes en la compra del producto o del servicio ofrecido.
- Realizar una preparación previa a las previsibles objeciones de los clientes.
- No contradecir al cliente y mantener una actitud positiva.
- Destacar los beneficios que le podrá reportar al cliente la adquisición del producto o del servicio.
- Mantener durante toda la conversación telefónica una actitud de tranquilidad, de seguridad y de profesionalidad que será percibida por el cliente.

Ejemplo:

Nada más contestar a una llamada y enterarse de su objetivo, un cliente dice "lo siento, no tengo tiempo". ¿Se trata de una objeción?

Solución:

Sí, es la objeción más frecuente que reciben los teleoperadores. Se da al principio de la llamada y con ella lo que se pretende es rechazar la llamada. Es una objeción pretexto. La forma de evitar este tipo de objeciones es enviar con anterioridad un escrito en el que se informe acerca de la realización de esa llamada.

3.4.2. Minimizar las hostilidades de los clientes

Las acciones de telemarketing representan en muchas ocasiones una molestia o un inconveniente para los clientes. Son llamadas que ellos no han iniciado, a diferencia de la venta telefónica, pueden considerarse como una agresión a su tiempo.

El modo de minimizar las previsibles actitudes negativas o contrarias a los objetivos de la llamada por parte de los clientes se basa en tres acciones:

1- Restar agresividad a la llamada. Si el cliente conoce de antemano que se le va a llamar, estará con una predisposición a escuchar y a atender la oferta. Una carta previa, o un correo electrónico en el que se le avise de que en un determinado intervalo de fechas recibirá una llamada para ofrecer información que puede ser de su interés es una buena táctica. Si además en ese escrito previo se adelantan ciertas características y beneficios del producto, en el momento de realizar la llamada se puede precisar la información con las preguntas que quizá ya haya preparado el interlocutor.

2- Hacer comprender al interlocutor que sabemos que su tiempo es importante. Para ello es fundamental consultar al inicio de la llamada sobre la disponibilidad de tiempo para atenderla e informar de la duración prevista. Además, conviene no perder el tiempo en informaciones accesorias o sin relevancia.

3- No discutir nunca con el cliente. Una discusión no conduce al cierre de la venta y genera una mala imagen por parte del vendedor. Si el cliente manifiesta un rechazo frontal desde el inicio, es preferible cerrar en ese momento y agradecerle el tiempo prestado.

Fig. 3.5. *Es preciso emplear técnicas que minimicen las actitudes negativas de los clientes en las llamadas telefónicas.*

3.4.3. Tipología de cierres de venta

Cuando la entrevista ha transcurrido de manera positiva, llega un momento en el hay que dar por finalizada la negociación y concretar los aspectos finales de la venta.

Existen dos formas de proceder al cierre de una venta telefónica: directa o indirecta.

En el cierre directo, se dejan establecidas las condiciones definitivas de la compra o negociación al final del proceso de venta, aunque haya que realizar varias llamadas telefónicas para hacerlo.

En el cierre indirecto de la venta, se dejan establecidas las condiciones generales de la compra o negociación, de manera que, en ese momento, aún quedan aspectos particulares que concretar. Esto no significa un impedimento para el cierre exitoso, sino un motivo para realizar una o varias llamadas más, hasta que se hayan concretado todos los puntos.

Cualquiera que sea la forma de efectuar el cierre, es importante que el vendedor registre el acuerdo alcanzado y compruebe la información relativa al cliente para efectuar posibles seguimientos posventa. La despedida siempre ha de ser cordial y se debe agradecer la compra y dejar abierta la posibilidad de futuras relaciones comerciales.

Los principales tipos de cierre de ventas son los que desarrollamos a continuación:

CIERRES	DESCRIPCIÓN	EJEMPLO
De detalle	Plantear detalles que den por supuesta la aceptación de la venta.	¿Cómo formalizamos el pago en esta ocasión?
Darlo por hecho	Establecer alguna afirmación que presuponga que se ha aceptado ya la oferta.	Enviaremos los mismos géneros que el mes pasado.
Alternativo	Dar a elegir entre dos opciones que presuponen el cierre.	¿Pagará en efectivo o con tarjeta?
De gancho	Insistir en la duración limitada de cierta oferta y aprovecharla para cerrar.	Como esta oferta finaliza mañana, enviaremos los artículos hoy mismo.
De resumen	Resumir todos los beneficios que reporta la adquisición, solicitar conformidad y cerrar la venta.	Con esta nueva tarifa, podrá realizar llamadas gratis los fines de semana y ahorrará un 10 % con respecto al sistema anterior, ¿está de acuerdo? A partir del día 22 del mes próximo comenzaremos a facturar según esta tarifa.

EJERCICIOS

1- Explica por qué no es adecuado el uso del "¿por qué?" para preguntar.

2- Pon cuatro ejemplos de preguntas alternativas.

3- ¿Qué tipo de cierre de ventas es aquel en el que se da a elegir entre dos opciones que presuponen el cierre?

4- Pilar Meneu, teleoperadora de Infoartel, llama a Enrique Reyes para confirmar la visita de un comercial el próximo día 9 a las 16:00 horas, para la demostración de su producto. Al otro lado de la línea salta el contestador automático. ¿Qué mensaje dejará Pilar?

5- Establece a qué clase de preguntas corresponden las siguientes:

- ¿Desea algo más?
- ¿Cuál de nuestros productos le interesa?
- ¿Dispone de unos minutos?
- ¿Prefiere pagar efectivo o con tarjeta?

6- Elabora un guion de una parte de una conversación en la que se utilice la técnica de cierre alternativo.

7- Realiza un modelo de simulación de guion para una llamada telefónica de información acerca de nuevas tarifas.

8- Las preguntas abiertas:

a) Se responden con un "sí", "no" o "quizá".

b) Comienzan con un verbo.

c) Las dos respuestas anteriores son incorrectas.

9- ¿Qué clase de objeciones se suelen producir en la fase de cierre de la venta?

10- Pon dos ejemplos de preguntas boomerang.

4. Tramitación en los servicios de postventa

Introducción

La relación comercial con el cliente no termina con la compra del producto, sino que es justo en ese momento cuando el cliente valora si lo que ha recibido es satisfactorio o no.

Del mismo modo que el proceso de decisión de compra no finaliza con la compra, sino con la evaluación poscompra, la relación comercial continua con los servicios posventa.

La información acerca de la percepción de los clientes, una vez que han adquirido el producto y lo han usado o consumido, es imprescindible para retroalimentar el proceso de venta. Quiere esto decir que con la información obtenida a través de las acciones posventa, las empresas vendedoras conocerán qué aspectos del producto es necesario mejorar para así integrarlos en el siguiente proceso de producción.

El servicio posventa es el conjunto de acciones que lleva a cabo la empresa en relación con un producto o un servicio con posterioridad a su adquisición.

Contenido

4.1. Seguimiento comercial. Concepto

El seguimiento comercial lo componen todos los contactos que se mantienen con un cliente, una vez realizada la adquisición del producto o servicio con la finalidad de conseguir su satisfacción o su fidelización.

Las empresas saben bien que la venta no finaliza cuando se ha cobrado el importe del producto, sino que en realidad es en ese momento cuando comienza.

Las acciones a partir de ese momento son las que en realidad aportarán información sobre el grado de satisfacción de los clientes y, por tanto, sobre la calidad de los productos de la empresa.

Una llamada para comprobar el buen funcionamiento del producto o el grado de satisfacción acerca del servicio, una resolución efectiva cuando se presente algún problema o una simple tarjeta de felicitación por su cumpleaños conseguirán que el cliente se sienta especial y, por tanto, incrementará su percepción positiva del producto y de la empresa.

La función del seguimiento comercial es doble:

- Por un lado es un instrumento para conseguir una mayor satisfacción del cliente y un posicionamiento adecuado del producto.
- Por otra parte, a través de las acciones de seguimiento comercial se obtiene una valiosa información acerca de la experiencia de los clientes.

Las empresas realizan estudios que determinan el grado de satisfacción de los usuarios de un servicio (incluido el del propio servicio de atención al cliente, que siempre se proporciona) y que se basan en información recopilada a través de consultas a los clientes. Esta información proporciona las siguientes ventajas:

a) Conocer la calidad percibida por los clientes.

b) Determinar con precisión los atributos del servicio que son relevantes para los clientes.

c) Resaltar los aspectos positivos y detectar los errores.

d) Determinar las acciones de mejora para fidelizar a los clientes actuales y para conseguir otros nuevos.

Una de las principales fuentes de información y, por consiguiente, una de las acciones principales de seguimiento comercial es la realización de consultas acerca de los servicios prestados. El instrumento más utilizado para realizar esas consultas es el cuestionario.

El cuestionario consiste en un listado de preguntas acerca del servicio recibido o de los atributos del producto. El cliente contesta a las diferentes cuestiones según haya sido su experiencia.

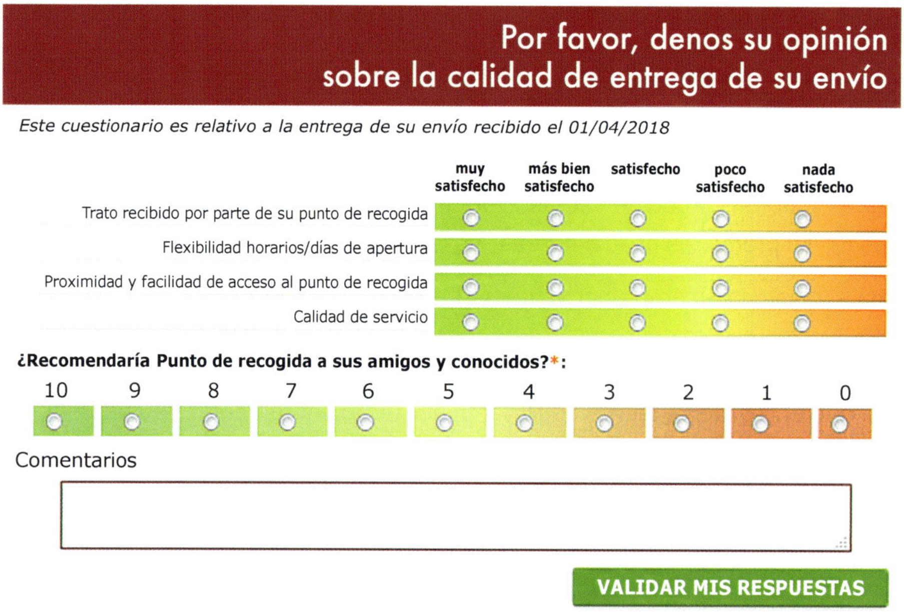

Fig. 4.1. *Ejemplo de cuestionario en formato digital.*

Ejemplo:

Pocos días después de recoger su coche del taller, Sonia recibió una llamada telefónica del departamento de atención al cliente. Las preguntas fueron acerca de si había quedado satisfecha con la reparación, si el tiempo de espera le pareció adecuado, y si estaba conforme con la información que le había ofrecido el jefe de mecánicos acerca de la avería del coche. ¿Para qué se realiza esta llamada?

Solución:

Es un seguimiento comercial posventa. En realidad se trata de un cuestionario de satisfacción, en este caso telefónico. El objetivo principal de estos cuestionarios es obtener información acerca de la calidad percibida por los clientes.

4.2. Fidelización de la clientela

Según afirman los expertos en marketing, es diez veces más costoso conseguir un nuevo cliente que mantener a uno actual. Por tanto, las empresas han de buscar que los clientes repitan sus acciones de compra o, en cualquier caso, minimizar el número de los que recurran a la competencia.

La fidelización consiste en lograr que los clientes se sientan satisfechos y, por tanto, fieles a la empresa durante un periodo de tiempo extenso.

Mediante la fidelización se ahorran costes a la empresa, ya que cada cliente mantenido representa un ahorro de inversión en la captación de uno nuevo.

4.2.1. Instrumentos de fidelización

La fidelización es una estrategia con la vista fijada en el medio y el largo plazo, a diferencia de la captación de nuevos clientes con los que se consiguen ingresos a corto plazo.

A través de instrumentos como los programas de CRM (*Customer Relationship Management*) las empresas cuentan con información acerca de qué clientes les resultan más rentables y, de este modo, pueden realizar campañas de fidelización específicas para ellos ya que, a largo plazo, son los que generan más beneficios con sus compras.

Estas campañas de fidelización consisten en regalos, descuentos, promociones especiales, felicitaciones, llamadas telefónicas, cupones de descuento, etc.

4.2.2. Bonificaciones

Las bonificaciones consisten en una reducción del importe total de la compra, bien por un aumento de las cantidades entregadas, bien por una disminución del precio de cada unidad.

Las bonificaciones suelen estar ligadas a una condición previa que representa que el cliente ha de comprar repetidas veces o determinadas cantidades para ser beneficiario de esa reducción.

Como ejemplos de bonificaciones, señalamos los siguientes:

Por la compra de 9 unidades, se regala la 10ª sin coste adicional.
Promociones de "compre 3 y pague 2".
Con una estancia mínima de 5 días en nuestro hotel, el desayuno es gratis.
5 % de descuento por compras superiores a 500 unidades.
Por cada 100 euros de compra, le regalamos 5 para sus próximas compras.

4.2.3. Tarjetas de puntos o de club

Las tarjetas de fidelización es el sistema más extendido para lograr el mantenimiento de los clientes. El funcionamiento consiste en que con su uso continuado, el cliente acumula puntos que posteriormente pueden ser canjeados por regalos o por descuentos.

Uno de los negocios en los que más se emplea este sistema es en las estaciones de servicio.

Fig. 4.2. *Tarjeta de fidelización.*

4.2.4. Cupones descuento

Fig. 4.3. *Ejemplo de cupones descuento.*

Los cupones descuento son encartes promocionales que suelen ofrecerse asociados a la compra de un artículo en la misma empresa o en otra distinta.

Ejemplo: En el tique de compra de un producto se añade un cupón descuento (de un determinado porcentaje) para otro producto comercializado por la misma empresa.

En la parte posterior de una entrada de cine, incluir un cupón descuento para un restaurante cercano.

También se ofrecen cupones en talonarios que entrega una empresa e incluso existen páginas web dedicadas en exclusiva a ofrecer cupones descuento de diversos establecimientos.

4.2.5. Otros

Los instrumentos de fidelización persiguen que el cliente establezca un vínculo duradero con la empresa. Este vínculo puede tener motivaciones estrictamente económicas, como es el caso de las bonificaciones o las tarjetas de fidelización, o ser originado a través de un sentimiento de "estar en deuda" con la empresa.

Como ejemplos de esto último podemos destacar los regalos y muestras promocionales. Está demostrado que un regalo, aun sin tener un coste apreciable para la empresa, es más valorado por el cliente que un descuento equivalente al importe de ese regalo. Por ejemplo, al pagar un servicio de peluquería, recibir de obsequio un frasco de perfume es mucho más efectivo y vinculante que hacer un descuento equivalente al coste del perfume.

Otra de las acciones de fidelización consiste en felicitar por su cumpleaños a los clientes. La fecha de nacimiento es una de las informaciones que se incluye en las bases de datos de las empresas. Es fácil crear un sistema de alerta de modo tal que avise cuando se acerca esa fecha y enviar una tarjeta de felicitación, o una llamada, o un correo electrónico o, más efectivo aún, entregar un regalo o un descuento especial en ese día.

Ejemplo:

Cuando Sonia, el día de su cumpleaños, se dispone a pagar con tarjeta bancaria el suministro de combustible en su estación de servicio habitual, le entregan un tique canjeable por un lavado del coche gratis. ¿De qué clase de estrategia posventa se trata este hecho?

Solución:

Es una estrategia de fidelización. En la estación de servicio cuentan con los datos personales de Sonia y es posible vincular su tarjeta a una base de datos. De este modo, supieron que se trataba del día de su cumpleaños y ofrecieron ese regalo. El objetivo es conseguir la satisfacción de Sonia.

4.2.6. Finalidad

La finalidad de las acciones de fidelización es retener a los clientes el mayor tiempo posible. Los beneficios que se consiguen son varios:

- Se reducen los costes de captación de nuevos clientes.
- Se incrementan las ventas, puesto que al cliente le compensa realizar un número de compras determinado para obtener los premios o las bonificaciones.
- Se aumenta la satisfacción de los clientes y, en consecuencia, la percepción de calidad del producto o de la empresa en general.

4.3. Identificación de quejas y reclamaciones

Las quejas y las reclamaciones son distintas clases de incidencias que pueden surgir en el transcurso del proceso de compraventa.

4.3.1. Concepto

En el transcurso de un proceso de compraventa o de una prestación de servicios puede ocurrir cualquier tipo de suceso que suscite la atención extraordinaria del cliente. A estos sucesos se les denomina **incidencias.**

Las incidencias no tienen por qué ser negativas, sino que tal y como quedan definidas, son los sucesos que suscitan una atención extra por parte del cliente. Por tanto, una incidencia es también una felicitación que la empresa o alguno de los trabajadores pudieran recibir de los clientes.

Las reclamaciones y las quejas son una clase de incidencias, que se completan con las felicitaciones y las sugerencias.

CLASES DE INCIDENCIAS	DEFINICIÓN	EJEMPLO
Sugerencia	Es una recomendación que el cliente realiza a la empresa para la mejora de los servicios.	Un cliente sugiere que se ponga una rampa al lado de las escaleras para facilitar el manejo de los carros de compra.
Queja	Es la manifestación, generalmente verbal, del desacuerdo del cliente con algún aspecto del servicio recibido.	Un cliente protesta por el trato recibido por parte de un empleado.
Reclamación	Es la exigencia, por parte del cliente, de indemnización o compensación por los perjuicios que le ha ocasionado el mal funcionamiento del servicio.	Un cliente exige la devolución del importe de billete de avión, más los daños y perjuicios ocasionados por la anulación del vuelo a causa de una huelga de pilotos.
Felicitación	Es la manifestación expresa de la satisfacción de un cliente por el servicio recibido.	Un cliente envía una tarjeta como muestra de agradecimiento por el trato recibido.

4.3.2. Características

Las características distintivas de las quejas y de las reclamaciones son las expresadas a continuación:

QUEJAS
Son una clase de incidencias
Suelen presentarse de manera verbal
Se tramitan a través de las hojas de incidencias
No llevan aparejada una petición de indemnización

RECLAMACIONES
Son una clase de incidencias
Se deben presentar necesariamente por escrito
Se tramitan a través de las hojas de incidencias
Existe un trámite paralelo de reclamaciones a través de las Oficinas Municipales de Consumo
Llevan aparejada una petición de indemnización

4.3.3. Tipología: presenciales y no presenciales

Tanto las quejas como las reclamaciones pueden realizarse de modo presencial y de modo no presencial. No obstante, las quejas, por su naturaleza generalmente verbal, suelen presentarse en el establecimiento de manera presencial.

Las reclamaciones de los clientes deberán presentarse obligatoriamente por escrito. Las reclamaciones podrán presentarse personalmente o mediante representación. En el caso de representación, se requiere poder general formalizado mediante carta firmada por el representante y su representado.

La presentación de quejas o reclamaciones podrá realizarse por las siguientes vías:

a) Directamente en el establecimiento comercial (presencial)

b) Por correo ordinario a la dirección postal del servicio de atención a clientes (no presencial)

c) A través del correo electrónico del servicio de atención a clientes (no presencial)

d) Mediante llamada telefónica en los números de atención al cliente (no presencial) (solamente para las quejas)

Ejemplo: ¿Es posible presentar una queja a través de representante?

Solución: En el caso de que la queja se presente por escrito, sí que es posible, siempre que vaya acompañado de un poder general. No obstante, es muy infrecuente que se realicen a través de representante, ya que resta agilidad al proceso. Por supuesto, si se trata de quejas verbales, es el propio cliente quien las realiza.

4.4. Procedimiento de reclamaciones y quejas

El proceso por el que se tramitan las reclamaciones y las quejas suele seguir un protocolo de actuación en cuanto a gestión de incidencias en general, que incluye también las sugerencias y las felicitaciones.

El protocolo que la empresa establezca para gestionar las incidencias tiene que contemplar, en primer lugar, la información clara y explícita de los medios, presenciales y no presenciales, a través de los que se pueden exponer las incidencias.

Una vez recogidas las incidencias, el proceso continúa con la elaboración de la documentación correspondiente. Es recomendable que las empresas dispongan de un modelo propio de "hoja de incidencias" donde el cliente pueda exponer los puntos que considere oportunos.

El cliente también puede presentar un escrito de queja o reclamación que contendrá, como mínimo, los siguientes apartados:

- Los datos identificativos del reclamante: nombre y apellidos, domicilio a efectos de notificaciones y número de DNI.
- Descripción clara, completa y precisa de los hechos y motivos de la queja o reclamación.
- Formulación de la petición que, en caso de reclamación, se solicita.
- Identificación del establecimiento, departamento o servicio al que se refiere la queja o reclamación.
- Lugar, fecha y firma.

El contenido de la hoja de incidencias, o del escrito del cliente, se analiza y se traslada al departamento causante de la incidencia, donde se estudia y se procede a la resolución de la queja o reclamación si es factible.

Se deben comunicar por escrito al cliente las decisiones que se hayan tomado con respecto a su incidencia, tanto si es resuelta como si no.

Todas las actuaciones llevadas a cabo en el proceso, pasan a formar parte de un expediente abierto al efecto. Por último, ese expediente es archivado en la forma que determine la empresa.

En general, el procedimiento de reclamación se corresponde con el siguiente esquema:

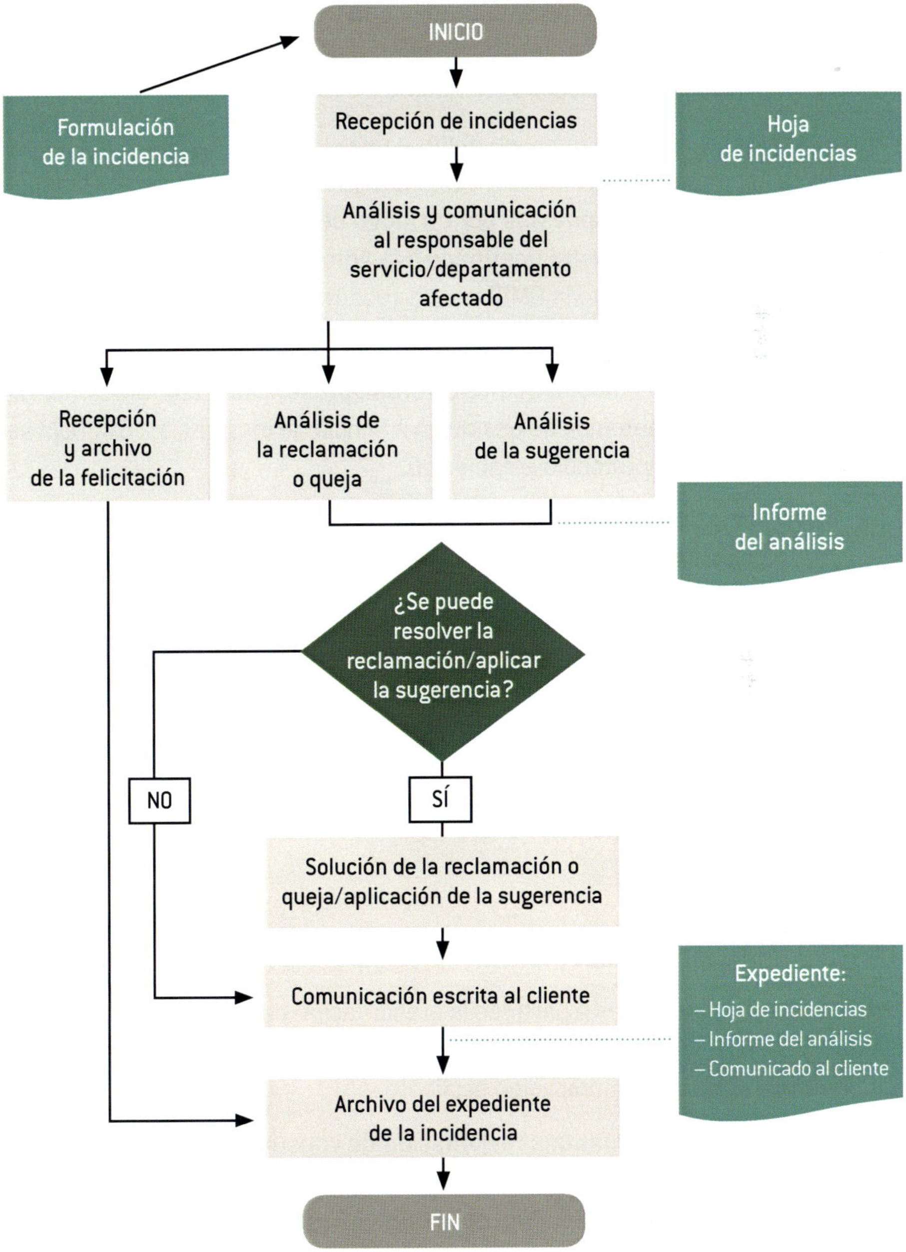

Fig. 4.4. *Esquema del procedimiento de reclamación.*

4.4.1. Recepción

Al recibir una queja verbal de un cliente, se escuchará con atención su argumentación y si se trata de un problema de fácil solución, se procederá a resolverlo en ese mismo momento o a la mayor brevedad.

Si se trata de una reclamación, se facilitará al reclamante la hoja de incidencias para que la rellene, y se le informará de la existencia de la "hoja de reclamaciones" oficial, en caso de que se trate de una empresa obligada a tenerlas. Esto se da en el caso de las reclamaciones en materia de consumo.

Para presentar las reclamaciones en materia de consumo, se utilizan las "hojas de reclamaciones" que deben poseer obligatoriamente todos los establecimientos. Estas hojas están compuestas por un juego de impresos autocalcables de tres folios, de los que uno está destinado a la Administración, que es el que el consumidor presentará ante la OMIC o la correspondiente Dirección General de Consumo para que se tramite la reclamación.

Si la queja se ha presentado de manera verbal, presencial o telefónicamente, debe traspasarse el contenido de esa queja a la hoja de incidencias. Esa hoja se tramitará siguiendo el protocolo establecido.

> **Ejemplo:** ¿Qué diferencia existe entre "la hoja de incidencias" y la "hoja de reclamaciones"?
>
> **Solución**: La hoja de reclamaciones es un documento oficial que todas las empresas están obligadas a tener para facilitar la gestión de reclamaciones en materia de consumo. La resolución de estas reclamaciones corresponde a la OMIC. En cambio, la hoja de incidencias es el documento en el que los clientes pueden expresar cualquier incidencia (queja, sugerencia, reclamación, etc.) y que se resuelve en el ámbito interno de la propia empresa.

4.4.2. Formulación documental

Los documentos generados a partir de la presentación de una queja o de una reclamación son la hoja de incidencias, el informe del análisis de la queja o reclamación y el escrito de comunicación al cliente.

Si el cliente decide presentar una reclamación de consumo, el documento es la hoja de reclamaciones oficial. Esta hoja de reclamaciones tiene un diseño distinto según la Comunidad Autónoma en la que radique la empresa.

REMITIR A: D.G. COMERCIO Y CONSUMO
CONSEJERÍA DE ECONOMÍA, EMPLEO Y HACIENDA
DE LA COMUNIDAD DE MADRID
C/ GENERAL DÍAZ PORLIER, 35 - 28001 MADRID

Comunidad de Madrid

Hoja de reclamación / Official Complaint Form

1.- Estos datos serán cumplimentados por el reclamado antes de su entrega al consumidor/ to be filled by the company

Nombre del establecimiento		Actividad	
Razón Social		NIF/CIF	
Correo electrónico		Teléfono	
Dirección			
C.P.	Localidad	Provincia	

El establecimiento está adherido al Sistema Arbitral de Consumo / Establisment subject to Consumer Arbitration Service: **Sí / Yes** ☐ **NO** ☐

2.- Datos del solicitante / To be filled by the claimant:

Nombre *(Name)*		Apellidos *(Last Name)*		NIF/NIE/Pasaporte *(Passport)*	
Correo electrónico *(e-mail address)*				Teléfono *(phone number)*	
Dirección *(Address)*					

Solicito que el correo electrónico arriba indicado sea el medio preferente para comunicaciones : **Sí / Yes** ☐ **No** ☐
(I request that the above email address be the preferred means of communication)

3.- Motivo de la reclamación / Reason for complaint:

....

....

....

....

....

....

....

....

4.- Pretensiones del solicitante / Claimant requests:

....

....

Solicito someter la reclamación al sistema arbitral de consumo (*I hereby agree to submit claim to consumer arbitration service*) **Sí / Yes** ☐ **No** ☐
(Si el arbitraje es aceptado por ambas partes, impide acudir posteriormente a la vía judicial y obliga a cumplir el laudo arbitral).
(If the arbitration is accepted by both parties, prevents it from going to court and requires compliance with the arbitration sentence)

5. - Alegaciones de la empresa / Company alegations:

....

....

....

....

A las/ *at* ......horas / *hours* del día / *day* ....(mes / month) ....(año / year) ....(fecha de la reclamación / *date of claim)*

Firma del reclamante/ *complainant´s signature*

Firma y sello del reclamado / *company´s signature*

INSTRUCCIONES AL DORSO (*SEE THE BACK FOR INSTRUCTIONS*)

Advertencia: Los datos personales recogidos serán incorporados y tratados en los ficheros IDCO, ERCO, INCO, ESAC y ARBC, cuya finalidad es recoger los datos de los interesados en los procedimientos administrativos en materia de consumo, y podrán ser cedidos según lo previsto en la Ley. El responsable de estos ficheros es el órgano que figura en este documento, ante él podrá ejercer los derechos de acceso, rectificación, cancelación y oposición, todo lo cual se informa en cumplimiento de la Ley Orgánica 15/1999, de 13 de diciembre, de Protección de Datos de Carácter Personal.
Warning: The personal data collected will be incorporated and processed in the files IDCO, ERCO, INCO, ESAC y ARBC, whose purpose is to collect the data of those interested in administrative procedures regarding consumer protection, and may be assigned as provided in the Law. The person responsible for these files is the body that appears in this document,and you can exercise the rights of access, rectification, cancellation and opposition, all of which is reported in compliance with Organic Law 15/1999 of December 13, Of Protection of Personal Data

Fig. 4.5. *Modelo de hoja de reclamaciones oficial de la Comunidad de Madrid.*

4.4.3. Resolución de dudas

Una de las funciones de los servicios posventa es la disposición permanente por parte de la empresa para resolver dudas acerca de la utilización del producto o del servicio.

La acción de resolución de dudas suele estar integrada dentro del servicio de atención al cliente.

La empresa debe facilitar que el cliente pueda dirigirse a la empresa para exponer sus dudas, tanto presencial como no presencialmente.

Los medios son los mismos que para la presentación de quejas y reclamaciones.

El sistema de resolución de dudas mantiene cierta similitud con el de gestión de incidencias. Una vez que el cliente ha puesto de manifiesto su duda, se resuelve en el momento en el caso de que sea posible. Si no es así, se consultará con el departamento específico que tenga capacidad y conocimientos para resolverla.

La resolución de dudas no lleva aparejado ningún documento. No obstante, es recomendable guardar un registro que forme parte del expediente del cliente.

4.5. Valoración de los parámetros de calidad del servicio y su importancia o consecuencia de su no existencia

La calidad de un servicio es siempre compleja de evaluar ya que, como sabemos, depende de las percepciones de los clientes y estas varían de un cliente a otro. No obstante, es posible utilizar unos patrones de referencia, o parámetros de calidad con el fin de que las empresas valoren el nivel de calidad alcanzado.

La manera más sencilla de encontrar estos parámetros es identificar los objetivos que se persiguen en cuanto a calidad (**criterios** de calidad), establecer una forma para saber si se han alcanzado esos objetivos (un índice numérico llamado **indicador**) y, por último, marcar un rango dentro del cual el nivel de calidad es el aceptable (llamado **estándar** de calidad).

SISTEMA	DESCRIPCIÓN
Criterio de calidad	Es la condición que debe cumplir una determinada actividad, actuación o proceso para ser considerada de calidad. Cada criterio tiene que identificarse con un indicador.
Indicador de calidad	Es una medida cuantitativa para controlar y valorar la calidad de las actividades. Es la forma numérica de evaluar los criterios.
Estándar de calidad	Es el grado de cumplimiento exigible a un criterio de calidad. El estándar determina el nivel mínimo y máximo aceptable para un indicador.

La importancia de la utilización de unos parámetros de calidad radica en que de este modo se puede objetivar y convertir en medible un aspecto, la calidad, que depende de la percepción de los clientes.

La utilización de esos parámetros resulta más sencilla si las empresas adoptan cualquiera de las normas de calidad. Una norma de calidad es un documento realizado por el acuerdo entre diferentes grupos seleccionados y aprobado por un organismo reconocido (nacional o internacional), que proporciona unas reglas para conseguir un grado óptimo de calidad.

Las normas de calidad no son de aplicación obligatoria, pero las empresas que las adoptan pueden demostrar a terceros la calidad del sistema con las ventajas comerciales que ello conlleva.

Las normas de calidad más reconocidas a nivel mundial son las de la 'familia ISO 9000' que son normas de calidad establecidas por la Organización Internacional para la Estandarización (*International Organization for Standardization*), que se pueden aplicar en cualquier actividad orientada a la producción de bienes o servicios.

Dentro de esta familia, la **ISO 9001:2015**, especifica los requisitos para un sistema de gestión de la calidad aplicable a cualquier tipo de empresa u organización.

Su funcionamiento consiste en la utilización de unos criterios y estándares que agrupan las mejores prácticas de gestión, basados en procesos que mejoran la calidad y procuran la satisfacción tanto de los clientes internos como de los externos.

Fig. 4.6. *Ejemplo de uno de los distintivos de la norma ISO 9001.*

El **EFQM**, creado por la Fundación Europea para la Gestión de la Calidad (*European Foundation for Quality Management*), es otro modelo de medición de la calidad, compuesto de criterios y subcriterios que son evaluados en la propia empresa para obtener sus puntos fuertes y débiles y definir los planes de acción consiguientes. Este modelo se utiliza en las empresas que aplican los principios de la calidad total.

4.6. Aplicación de la confidencialidad a la atención prestada en los servicios de posventa

La confidencialidad consiste en que las empresas han de mantener la debida discreción en cuanto a los pormenores de la relación mantenida con los clientes. Y esta relación permanece durante del tiempo de realización de los servicios posventa.

Quiere esto decir que los datos de los expedientes de quejas y reclamaciones, o los datos recopilados por la utilización de una tarjeta de puntos, están también protegidos por el deber de confidencialidad aunque no formen parte del proceso central de compraventa.

Durante la gestión de los servicios posventa también es obligatorio, al igual que para el resto de proceso de compraventa, cumplir con la legislación vigente en cuanto a confidencialidad estudiada en apartados anteriores.

EJERCICIOS

1- **Relaciona las siguientes incidencias con su nombre correcto (felicitación – sugerencia – reclamación- queja):**

- La empresa recibe un escrito en el que un cliente les manifiesta su malestar por encontrar los aseos siempre cerrados.
- Un cliente protesta porque un empleado de la línea de cajas no le admite un billete de 100 euros.
- Un cliente exige que le cambien unos pantalones que estaban descosidos cuando los adquirió.

2- **Define el servicio posventa.**

3- **¿Se puede presentar una denuncia de consumo en la empresa que ha originado el hecho denunciado? ¿Por qué?**

4- **Explica las diferencias entre reclamación y queja. ¿Se tramitan mediante el mismo documento?**

5- **¿Qué tienen en común las normas ISO y el modelo EFQM?**

6- **¿Dónde se tramita una reclamación en materia de consumo?**

a) En la empresa.

b) En las Oficinas Municipales de Información al Consumidor.

c) En ambos sitios.

7- **¿Qué se controla mediante las normas ISO?**

a) La calidad del servicio.

b) La rapidez del servicio.

c) El grado de fidelidad de los clientes.

8- **Completa los espacios en blanco en la siguiente frase:**

La confidencialidad consiste en que las ________ han de mantener la debida ________ en cuanto a los pormenores de la relación mantenida con los ______.

9- **¿Cuándo se debe comunicar al cliente la resolución de su queja o de su reclamación? ¿Por qué?**

10- **Pon tres ejemplos de estrategias de fidelización.**

Solución ejercicios de evaluación

EJERCICIOS CAPÍTULO 1

1- Identifica los elementos del proceso comunicativo en cada una de las situaciones siguientes:

— Un empleado del departamento financiero se interesa por la salud de uno de los hijos del jefe del departamento de marketing.

Emisor: empleado.

Receptor: jefe departamento de marketing.

Mensaje: el interés acerca del estado de salud del hijo.

Código: idioma en que hablen.

Canal: el aire, al ser comunicación oral.

Contexto: relación laboral; conversación informal.

— El director de una sucursal bancaria recibe una llamada telefónica de un cliente.

Emisor: cliente.

Receptor: director de la sucursal.

Mensaje: contenido de la conversación.

Código: idioma en que hablen.

Canal: vía telefónica.

Contexto: Relación empresa-cliente.

— El encargado de la centralita de una empresa informa a su jefe de las llamadas que ha tenido en el día.

Emisor: encargado de la centralita.

Receptor: jefe.

Mensaje: información de las llamadas.

Código: idioma en que hablen.

Canal: El aire, al ser comunicación oral.

Contexto: Relación laboral.

2- ¿Qué clases de barreras pueden darse en una comunicación?

— Barreras semánticas: el receptor otorga al mensaje un significado distinto al que se pretendía.

— Físicas: circunstancias del medio ambiente y del entorno que dificultan la comunicación.

— Fisiológicas: deficiencias tanto por parte del emisor como del receptor.

— Personales: estado de ánimo, prejuicios, falta de atención, etc.

3- ¿Qué diferencia existe entre imagen corporativa e identidad corporativa?

La identidad corporativa es el conjunto de instrumentos (logotipo, uniformes, mobiliario, papelería, colores, etc.) que la empresa transmite a todos sus grupos de interés. En cambio, la imagen corporativa es la percepción general que tienen esos grupos de la empresa. Así, la imagen será de confianza, de solvencia, de dinamismo o de rechazo, o "mala imagen". La identidad corporativa es lo que transmite la empresa y la imagen corporativa es lo que los grupos de interés perciben.

4- ¿Qué características tiene la atención presencial?

En la atención presencial se produce una interacción directa con los clientes, por lo que la relación se realiza a través de comunicación oral y, por tanto, con una fuerte relevancia de la comunicación no verbal. También caracteriza a la atención presencial el hecho de que todos los elementos del entorno forman parte de la percepción del cliente como las instalaciones, olores, sonidos, colores, etc.

5- ¿Cuáles son las fases de la atención presencial?

Las fases son las de acogida (recepción del cliente), desarrollo (escucha para comprender necesidades y solventarlas), y conclusión (despedida).

6- Explica la posible relación entre calidad de un producto y precio de ese producto.

Es equivocada la idea de que un producto de precio elevado tenga que ser un producto de calidad. La calidad es una medida que depende del cliente, ya que considerará que un producto o servicio es de calidad si se corresponden sus expectativas y sus percepciones respecto al producto. Por tanto, y solo desde el punto de vista del cliente, el precio afectará a la calidad en la medida en que lo pagado se corresponda con la satisfacción que le otorgue el producto.

7- ¿Qué ley es la que las empresas están obligadas a cumplir en cuanto a confidencialidad de los datos personales de los clientes?

La Ley Orgánica 15/1999, de 13 de diciembre, de Protección de Datos de Carácter Personal (LOPD), desarrollada por el Real Decreto 1720/2007, de 21 de diciembre por el que se aprueba el Reglamento de desarrollo de esa Ley Orgánica.

8- ¿Qué es el código?

d) Ninguna de las anteriores.

(El código es el lenguaje utilizado para transmitir el mensaje)

9- ¿Qué es la información?

a) El contenido objetivo de la comunicación.

10- ¿Qué es la retroalimentación?

b) Un elemento del proceso de comunicación.

EJERCICIOS CAPÍTULO 2

1- Describe brevemente las principales limitaciones de la comunicación telefónica.

— El emisor y el receptor no pueden verse, por lo tanto se prescinde de las ventajas de contar con la retroalimentación que proporciona la comunicación no verbal.

— Pueden producirse barreras físicas, como ruidos, interferencias, problemas de conexión, etc.

— Existe más facilidad para las distracciones y la consiguiente falta de concentración.

— Las llamadas telefónicas pueden producirse en momentos inoportunos que desfavorezcan una comunicación eficaz.

2- ¿Es correcto decir que "hemos recibido publicidad en el buzón"? ¿Por qué?

No, no es correcto. Lo que recibimos en el buzón son folletos promocionales. Se trata de una acción de marketing directo. El término publicidad solamente puede aplicarse cuando se trata de acciones realizadas a través de medios de comunicación masivos como prensa, radio, televisión o Internet.

3- Señala cuál de las siguientes expresiones es correcta en el desarrollo de una llamada telefónica.

b) Sí, por supuesto. ¿Qué horario es el más adecuado?

4- Indica cuál de los siguientes conceptos no es un elemento de la técnica vocal.

b) El lenguaje.

5- ¿Cuáles son las formas de pago habituales en la venta por catálogo?

— Contra reembolso.

— Mediante tarjeta bancaria aceptada por la empresa vendedora.

— Mediante domiciliación bancaria en el número de cuenta que el cliente indique.

6- ¿Qué diferencia existe entre las objeciones sinceras y las objeciones pretexto?

En las objeciones sinceras, el comprador sí está convencido de adquirir el artículo, y sus preguntas son acerca de las características, de la adecuación o del manejo del producto. En cambio, las objeciones pretexto son meras excusas para no adquirir el producto o para "librarse" del vendedor.

7- ¿Qué similitudes existen entre la venta por Internet y la venta por catálogo?

En ambos casos, el comprador elige y decide en su propio entorno, que suele ser su domicilio, y con los horarios y tiempos que le resulten apropiados. Por otro lado, las formas de pago son las mismas. Conviene recordar que también se ofrecen catálogos por Internet y, en este caso, ambas formas de venta coinciden plenamente.

8- ¿Qué requisitos de comunicación escrita tienen que cumplir los correos electrónicos?

En los correos electrónicos, aunque el soporte es distinto, se deben cumplir exactamente los mismos requisitos que en cualquier comunicación escrita, esto es: claridad, precisión, sencillez, concisión y corrección. El que una comunicación se realice a través de correo electrónico no es excusa para incumplir con la corrección ortográfica o gramatical. Por otro lado, el requisito de concisión en estos casos es más deseable que en cualquier otra comunicación.

9- Cambia las expresiones incorrectas de la siguiente tabla por otras adecuadas.

— Andaron buscándolo hasta que se hizo de noche.

Lo buscaron hasta que se hizo de noche.

— Prepararemos el report después de la reunión de brainstorming.

Prepararemos el informe después de la reunión.

— Una de las cosas que más me gusta de su empresa es la rapidez en la entrega de las cosas.

Uno de los aspectos que más valoro de su empresa es la rapidez en la entrega.

— En el día de hoy haremos tres contratos.

Hoy firmaremos tres contratos.

— Esperando su respuesta con la mayor brevedad.

Quedamos a la espera de su respuesta.

10- Sustituye los siguientes extranjerismos por términos análogos admitidos en nuestro idioma:

• Reset	Reinicio.
• Mailing	Buzoneo.
• Manager	Director, gerente.
• Spot	Anuncio publicitario.
• Overbooking	Sobrecontratación.
• E-mail	Correo electrónico.

EJERCICIOS CAPÍTULO 3

1- Explica por qué no es adecuado el uso del "¿por qué?" para preguntar.

Es preferible no utilizar el "¿por qué?" debido a que es una forma de preguntar demasiado directa, con la que no se suele obtener información, sino justificaciones o situar al interlocutor a la defensiva.

2- Pon cuatro ejemplos de preguntas alternativas.

— ¿Se lo envuelvo o lo lleva en esta caja?

— ¿Pagará al contado o con tarjeta?

— ¿Utiliza el transporte público o vehículo propio?

— ¿Desea el tamaño mediano o el familiar?

3- ¿Qué tipo de cierre de ventas es aquel en el que se da a elegir entre dos opciones que presuponen el cierre?

Es el tipo de cierre alternativo.

4- Pilar Meneu, teleoperadora de Infoartel, llama a Enrique Reyes para confirmar la visita de un comercial el próximo día 9 a las 16:00 horas, para la demostración de su producto. Al otro lado de la línea salta el contestador automático. ¿Qué mensaje dejará Pilar?

Buenas tardes, mi nombre es Pilar Meneu y llamo de Infoartel. Este es un mensaje para Enrique Reyes. Tal y como acordamos, le confirmo que nuestro comercial pasará a visitarle el próximo día 9 a las 16:00, para la demostración de nuestro producto. Si tiene cualquier duda, estamos a su disposición en el teléfono xxxxxxxxx. Muchas gracias.

5- Establece a qué clase de preguntas corresponden las siguientes:

— ¿Desea algo más? Cerrada

— ¿Cuál de nuestros productos le interesa? Abierta

— ¿Dispone de unos minutos? Cerrada

— ¿Prefiere pagar efectivo o con tarjeta? Alternativa

6- Elabora un guion de una parte de una conversación en la que se utilice la técnica de cierre alternativo.

— Cliente.- Nuestros almacenes se encuentran en Logroño.

— Vendedor.- Perfecto, señor Arcal. En ese caso, pasemos a determinar si prefiere que le enviemos los géneros por nuestros propios medios o si prefiere contratar una empresa de transporte.

7- Realiza un modelo de simulación de guion para una llamada telefónica de información acerca de nuevas tarifas.

— Teleoperador: Buenos días, mi nombre es Teresa Andreu y llamo desde "Aguas del Sur". Quisiera hablar con Luis Martín, por favor.

— Cliente: Sí, soy yo.

— Teleoperador: Muy bien, señor Martín. ¿Dispone de unos minutos? Se trata de comentarle nuestras nuevas tarifas.

— Cliente: ¿Nuevas tarifas? ¿van a subir el precio?

— Teleoperador: Al contrario, señor Martín. Se trata de una restructuración de tarifas según el número de miembros en su familia y los días de abastecimiento.

— Cliente: ¿Pero tengo que firmar un contrato nuevo?

— Teleoperador: El contrato actual es válido mientras usted permanezca con nuestros servicios. Tan solo se trata de unas nuevas tarifas adaptadas a sus circunstancias familiares y sus hábitos de suministro.

— Cliente: ¿Me podrían enviar esa información por escrito?

— Teleoperador: Por supuesto, señor Martín. Lo recibirá en los próximos días. ¿Desea algún tipo de información más?

— Cliente: No, no. Gracias.

— Teleoperador: Muchas gracias por su atención, señor Martín. Buenos días.

— Cliente: (Se despide y cuelga).

8- Las preguntas abiertas:

b) Comienzan con un verbo.

9- ¿Qué clase de objeciones se suelen producir en la fase de cierre de la venta?

En la fase de cierre, las objeciones son de tipo pretexto. Si las objeciones son reales, suelen darse en la fase intermedia, para lograr información. En la fase de cierre, las objeciones suelen ser en cuanto a lo elevado del precio, o a que las características del producto no convencen. No son objeciones sinceras, por lo general.

10- Pon dos ejemplos de preguntas boomerang.

— Cliente: Es que creo que es complicado utilizarlo.

— Vendedor: ¿Complicado? Permítame explicarle el funcionamiento...

— Cliente: Es que tengo poco tiempo...

— Vendedor: ¿Poco tiempo? Precisamente nuestro producto le servirá para ahorrar tiempo...

EJERCICIOS CAPÍTULO 4

1- Relaciona las siguientes incidencias con su nombre correcto (felicitación – sugerencia – reclamación – queja):

— La empresa recibe un escrito en el que un cliente les manifiesta su malestar por encontrar los aseos siempre cerrados. Queja

— Un cliente protesta porque un empleado de la línea de cajas no le admite un billete de 100 euros. Queja

— Un cliente exige que le cambien unos pantalones que estaban descosidos cuando los adquirió. Reclamación

2- Define el servicio posventa.

El servicio posventa es el conjunto de acciones que lleva a cabo la empresa en relación con un producto o un servicio con posterioridad a su adquisición

3- ¿Se puede presentar una denuncia de consumo en la empresa que ha originado el hecho denunciado?

Sí, sí que se puede presentar en la propia empresa. ¿Por qué? Porque las empresas están obligadas a tener las hojas de reclamaciones oficiales para este caso de denuncias. No obstante, la denuncia formal, que va más allá de la reclamación, ha de formalizarse en la OMIC del Ayuntamiento correspondiente.

4- **Explica las diferencias entre reclamación y queja. ¿Se tramitan mediante el mismo documento?**

Tanto las reclamaciones como las quejas se tramitan a través de las hojas de incidencias que poseen las empresas. La diferencia entre reclamaciones y quejas consiste en que, mediante la reclamación, se exige una reparación o una indemnización. La queja, sin embargo, tan solo consiste en la expresión de una disconformidad con la empresa o con el producto.

5- **¿Qué tienen en común las normas ISO y el modelo EFQM?**

Ambas son modelos de medición de calidad. No son obligatorias, pero con su implantación, las empresas pueden demostrar a terceros el cumplimiento de unos determinados parámetros objetivos de calidad.

6- **¿Dónde se tramita una reclamación en materia de consumo?**

c) En ambos sitios.

7- **¿Qué se controla mediante las normas ISO?**

a) La calidad del servicio.

8- **Completa los espacios en blanco en la siguiente frase:**

La confidencialidad consiste en que las empresas han de mantener la debida discreción en cuanto a los pormenores de la relación mantenida con los clientes.

9- **¿Cuándo se debe comunicar al cliente la resolución de su queja o de su reclamación?**

La resolución de las quejas o reclamaciones siempre han de comunicarse al cliente, tanto si, una vez estudiado y resuelto el caso, son favorables como si no.

¿Por qué?

Porque el cliente debe tener conocimiento de que su queja o reclamación ha sido atendida y estudiada y que se le ha dedicado tiempo. De este modo, se refuerza la imagen positiva de la empresa, incluso aunque la resolución no sea favorable al cliente.

10- **Pon tres ejemplos de estrategias de fidelización.**

— Regalar entradas para el cine o teatro a los clientes que lleven un cierto número de años confiando en la empresa.

— Ofrecer una tarjeta de puntos canjeables por regalos.

— Enviar una tarjeta de felicitación por Navidades o por el cumpleaños del cliente.